만화로 배우는 블록체인

만화로 배우는 블록체인

초판 1쇄 발행 2018년 7월 31일
초판 14쇄 발행 2023년 9월 5일

지은이 윤진, 이솔
펴낸이 권미경
마케팅 심지훈, 강소연, 김재영
디자인 소요 이경란

펴낸곳 (주)웨일북
등록 2015년 10월 12일 제2015-000316호
주소 서울특별시 마포구 토정로 47 서일빌딩 701호
전화 02-322-7187 **팩스** 02-337-8187
메일 sea@whalebook.co.kr **페이스북** facebook.com/whalebooks

ⓒ 윤진·이솔, 2018
ISBN 979-11-88248-27-8 03320

소중한 원고를 보내주세요.
좋은 저자에게서 좋은 책이 나온다는 믿음으로, 항상 진심을 다해 구하겠습니다.

「이 도서의 국립중앙도서관 출판예정도서목록(CIP)은 서지정보유통지원시스템 홈페이지(http://seoji.nl.go.kr)와 국가자료공동목록시스템(http://www.nl.go.kr/kolisnet)에서 이용하실 수 있습니다.(CIP제어번호: CIP2018022952)」

만화로 배우는 블록체인

글 윤진
그림 이솔

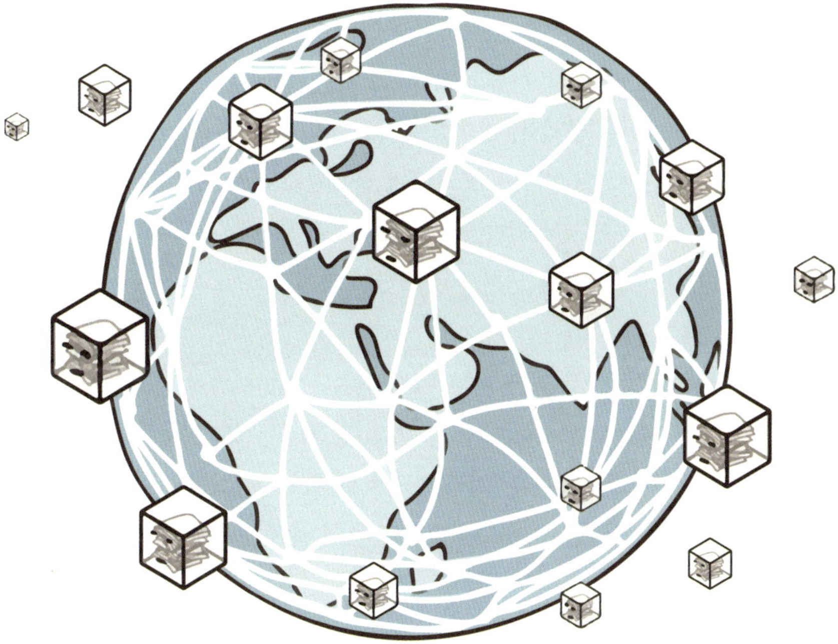

whale books

머리말

 이더리움을 샀다. 2017년 3월 14일의 일이다. 구입 가격은 1 ETH 당 34,790원. 당시 큰 맘 먹고 천만 원 정도의 거금을 들여 이더리움을 구입해서 올 1월 이더리움 한 개당 가격이 200만 원을 넘었을 때 팔았더라면 나에겐 6억 원 정도의 돈이 주어졌을 테고, 그러면 내 삶이 조금은(?) 달라졌을지 모르겠다.

 그러나 기적은 없었다. 거래소에 가입하고 암호화폐를 구입하긴 했지만 호기심만으로 '디지털 쪼가리'에 불과할지 모르는 코인에 큰돈을 투자할 생각은 전혀 없었다. 설사 천만 원을 투자했다 하더라도 이더리움 가격이 십만 원을 넘기 전에 팔았을 것이다.

 희토류 원소 이름 같은 이더리움을 갖는 것은 매력적이었지만, 한편으로는 불길한 느낌을 지울 수 없었다. 자고 나면 가격이 올랐고, 추가 매입하면 폭락했다. 가격이 떨어질 때마다 암호화폐의 가치를 알기 위해 블록체인 책과 온라인, 단톡방의 글을 읽으며 '미래 가치'를 찾으려 했다.

 이 책은 암호화폐에 뭣 모르고 투자했던 투자자가 그 바탕이 되는 블록체인에 관심을 갖고 배우는 과정이기도 하다. 그동안 지나온 길이 이 책에 담겨 있다.

2009년 비트코인과 함께 블록체인이 만들어진 지 10년이 되어간다. 이처럼 많은 사람들이 관심을 갖게 된 지는 최근 1~2년밖에 되지 않았다. 새로운 기술에 이렇게 많은 사람들이 관심을 기울이는 건 무척 드문 일인데, 암호화폐 투자 열기 영향이 컸던 것으로 보인다.

암호화폐는 2017년 한 해 동안 그 열기가 뜨거웠던 반면, 2018년 상반기에는 긴 하락의 길을 걸었다. 그러나 암호화폐의 부침과는 상관없이 블록체인 기술은 계속 발전하고 있고 적용 영역은 점점 넓어지고 있다. 블록체인 기술은 앞으로 우리 사회 곳곳을 변화시킬 것이라 기대한다.

이더리움이 오를지 오르지 않을지는 모르겠다. 그래도 처음 구입했던 이더리움 몇 개는 앞으로도 들고 있을 생각이다.

고팍스가 아니었다면 이와 같은 연재는 어려웠을 거라 생각한다. 연재를 제안해준 고팍스 이준행 대표를 비롯한 송영화 팀장, 감수를 맡아준 박준홍, 김유범 님에게 감사한다는 말을 남기고 싶다.

스팀잇이 없었더라면 블록체인 웹툰도 없었을 것이다. 여전히 블록체인에 대해서는 잘 모르지만, 스팀잇이 이 모든 걸 가능하게 했다. 응원해준 스티미언들, 모두에게 고마움을 느낀다.

Thanks, Steemit & Steemian
작가 윤진, 이솔 드림

차례

프롤로그 _8

1부 블록체인과 암호화폐는 무엇일까

- 1장 블록체인이 뭐지? _18
- 2장 이더리움과 스마트 컨트랙트 _34
- 3장 블록체인과 암호화폐 _50
- 4장 암호화폐는 어떻게 구하나? _64
- 5장 암호화폐 시장 용어를 알아보자 _78

2부 블록체인은 어떻게 시작되었을까

- 6장 블록체인 프리퀄 1: 데이비드 차움과 사이퍼펑크 _96
- 7장 블록체인 프리퀄 2: 비트코인의 탄생 _108
- 8장 블록체인 프리퀄 3: 누구도 종료시키지 못하는 시스템 _124

3부 블록체인과 암호화폐, 한 삽 더 파보기

9장 블록체인 용어를 알아보자 _140

10장 암호화폐 시장을 알아보자 _156

11장 암호화폐를 분류해보자 _170

12장 채굴은 어떻게 하나? _184

4부 암호화폐, 어디에 어떻게 쓸까

13장 암호화폐 대표선수 소개 1 : 지불 코인 _202

14장 암호화폐 대표선수 소개 2 : 플랫폼 코인 _218

15장 암호화폐 대표선수 소개 3: 익명 코인 _234

16장 암호화폐 대표선수 소개 4: 확장성 솔루션 _250

17장 암호화폐 대표선수 소개 5: 유틸리티 토큰 _264

5부 블록체인은 어떻게 세상을 바꿀까

18장 스팀 & 스팀달러 _280

19장 글 써서 번 돈으로 소고기 사먹는 법 _294

20장 블록체인은 어떻게 세상을 바꿀까 _308

프롤로그

"암호화폐도
마찬가지입니다."

낯선 세계에
조금만 익숙해지면

또 다른 세계가
펼쳐집니다.

블록체인과 암호화폐는 기술적인 지식이 없으면
이해하기가 무척 어렵다.
이에 독자들의 쉬운 이해를 돕기 위해
본문은 만화로 구성하고,
보다 자세히 짚어볼 필요가 있는 내용들은
이렇게 따로 코멘트를 달아 정리하기로 한다.
부담 없이 만화를 즐기고
꼭 기억할 포인트만 이 코멘트 박스에서
심화학습하길 권한다.

1부
블록체인과 암호화폐는 무엇일까

1장
블록체인이 뭐지?

거래장부가 있다.

거래 내역이 쌓여
한 장을 채운다.

한 장을 복사해
나누어 갖는다.

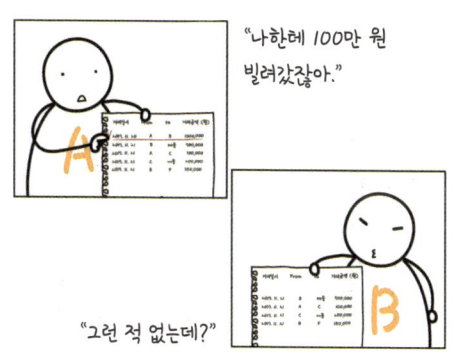

"나한테 100만 원
빌려갔잖아."

"그런 적 없는데?"

장부를 가진 사람이 두 사람뿐일 때
한 사람이 거래 내역을 조작하면
누가 맞는지 확인하기 어렵다.

그러나 세 사람이 같은 장부를 가지고 있으면
한 사람이 조작하더라도
나머지 사람이 비교해줄 수 있다.

그러나 둘이 서로 짠다면?

만약 100명이 같은 장부를 가지고 있다면?
1,000명이 같은 장부를 가지고 있다면?

또한, 거래장부에 새로 추가되는 페이지가
이전 페이지와 암호로 연결되어 있어
아무나 추가할 수 없게 한다면?

오직 이전 페이지와 연결되는 암호를
발견한 사람만 추가할 수 있게 된다.

그리고 이 암호를 발견한
사람에게는 보상이 주어진다.

발견자에게 보상:
비트코인 12.5개
(2018년 7월 22일 기준
1억 원 상당)

 =

위의 거래장부 한 장을
하나의 블록이라고 부르고,

이 블록들이 체인처럼 계속
연결되어 있는 모양이라서
블록체인이라 부른다.

블록체인 기술을 바탕으로 몇 가지
간단한 규칙을 적용해 만들어진
최초의 암호화폐이다.

비트코인은 누가 만들어서 배포하는
것이 아니라, 오직 암호를 찾은 데
대한 보상으로만 생겨난다.

이 '암호 찾기'를
'채굴'이라고 부르는 것!

이렇게 생겨난 비트코인은 종이나 동전으로 된 실물이 없이, 태생부터 디지털이라는 점에서 '가상화폐'라고 부르기도 하는데,

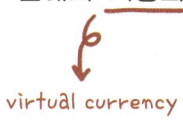

virtual currency

가상화폐에는 사실 온라인 게임에서 사용되는 '골드'나 ○○월드의 '도토리'처럼 인터넷에서 생겨난 모든 화폐가 포함돼요.

설계 자체가 암호화 기술을 응용했다는 점에서
비트코인과 같은 다양한 코인들은
암호화폐라고 불린답니다.

cryptocurrency

그래서 결론은,

가상화폐보다는
암호화폐가 좀 더
정확한 용어라는 것.

블록체인의 개념

1991년, 스튜어트 하버(Stuart Haber)와 W. 스콧 스토르네타(W. Scott Stornetta)는 시간 순서에 따라 타임스탬프를 연결해 데이터 위조를 방지하는 개념을 제시했다. 당시 두 사람은 전자 문서의 생성/수정 시간 기록의 위조를 방지하기 위한 기법으로 이 개념을 제시했는데, 이는 나중에 블록체인 기술에 영향을 미쳤다.

블록체인의 핵심 요소

· **분산화된 구조** – 단일 실패점(point of failure)이 존재하지 않음

· **장부의 다자간 공유** – 소수의 인물/세력에 의한 조작 방지

· **암호화된 연결** – 전 페이지(블록)와 암호로 연결

사토시 나카모토(Satoshi Nakamoto)

· 비트코인의 창시자로, 하버와 스토르네타의 연구와 과거에 시도된 다양한 전자화폐의 사례를 연구해 블록체인 개념을 디지털 화폐에 적용하는 데 성공했다.

· 실제 이 사람이 누구인지는 아직까지도 확인되지 않았으며, 한 명의 사람인지 아니면 여러 명이 속한 집단이 사용한 이름인지조차 불분명하다. 자신이 사토시 나카모토라고 나선 인물은 있지만 인정받지는 못하고 있다. 반대로 사토시 나카모토일 것이라고 의혹이 제기된 사람들도 여럿 존재한다.

· 분산화된 네트워크를 통해 이중 지불 문제를 해결했다는 점에서 IT와 금융 역사에 큰 획을 그었다. 그가 만든 비트코인은 IT 분야를 넘어 세계적인 정치경제적 현상이 되었다.

이중 지불(double-spending)

• 지폐나 동전으로 지불을 할 경우, 해당 물건을 직접 판매자에게 넘겨주므로 지불한 사람에게는 물리적으로 그 돈이 남아있지 않게 된다. 신용카드 등을 사용하거나 온라인 거래를 할 경우, 제3자(은행, 신용카드 회사 등)가 해당 거래가 유효한지를 검증한다.

• 그러나 암호화폐는 디지털 코드이기 때문에 컴퓨터 파일을 복사하듯 상대적으로 쉽게 조작하거나 복사할 수 있다. 비유하자면, 친구에게 이메일로 사진을 보내도 해당 사진은 자신의 컴퓨터/드라이브에 여전히 남아 있다. 원본이 사라지지 않는 것이다.

• 비트코인은 시간 순서대로 모든 거래기록이 적혀 있는 장부를 네트워크상에 있는 모든 노드(유저)가 공유하는 블록체인 개념을 통해 조작과 위조/변조의 가능성을 차단했다. 이렇게 이중 지불(돈을 지불하고도 원본이 남아 있어 같은 가상화폐를 여러 군데에 사용하는 행위) 문제를 해결함으로써 비트코인은 그 전에 존재한 다른 분산화된 전자화폐들의 한계를 넘어설 수 있었다.

가상화폐 vs. 암호화폐 vs. 전자자산

• **가상화폐**(virtual currency) – 가상 세계에서 활용되는 모든 거래수단에 해당될 수 있다. (예: 게임 내에서 사용되는 하트/보석/캐시 등)

• **암호화폐**(cryptocurrency) – 암호화(encryption) 기술을 활용해 설계된 거래 수단들을 지칭한다. (예: 비트코인 등)

· **전자자산**(digital asset) – 다양하게 생성되고 있는 블록체인 기반 프로젝트들의 성격을 설명하기에 "화폐"라는 개념은 불충분한 부분이 있다고 여겨져 새롭게 사용되고 있는 용어이다.

· 이 외에도 crypto-asset(암호자산) 등의 표현도 쓰이고 있다. 한국 정부에서는 '가상통화'라는 표현을 사용한 바가 있다.

2장
이더리움과
스마트 컨트랙트

비트코인은 전에 없던
장부 관리법으로 혁명을 일으켰다.

그러나 비트코인 장부에서는
딱 한 가지만 할 수 있다.

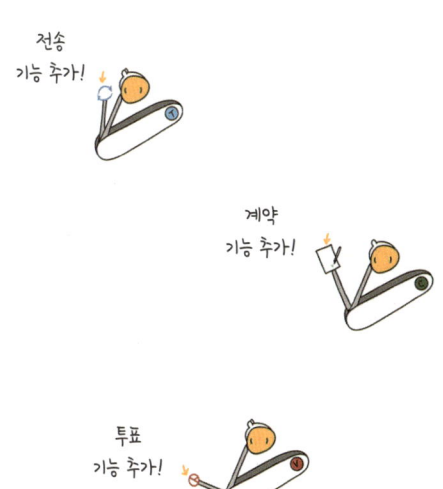

비트코인의 성공을 보고 따라 나온
수많은 후발 주자들은 그보다 많은 것을,
더 잘하려 했다.

하지만 기능 하나하나마다
서로 다른 코인을 쓰는 것은 너무 불편하고

10가지 기능을 넣었는데 11가지 기능이 있는
코인이 나오면 기능에서 밀린다.

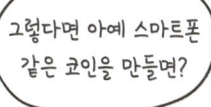

"누, 누구세요?"

스마트폰 하나에
다양한 앱을 깔아서 쓰듯이

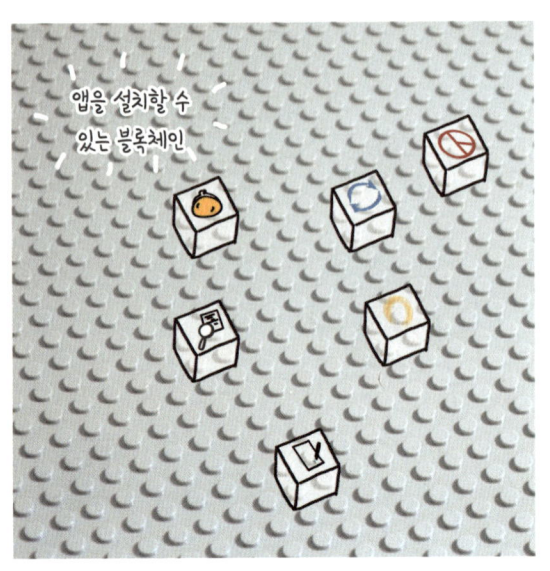

이런 생각을 한 러시아 출신의 청년이
새로운 블록체인 기반 플랫폼을 만들었다.

바로
이더리움(Ethereum)

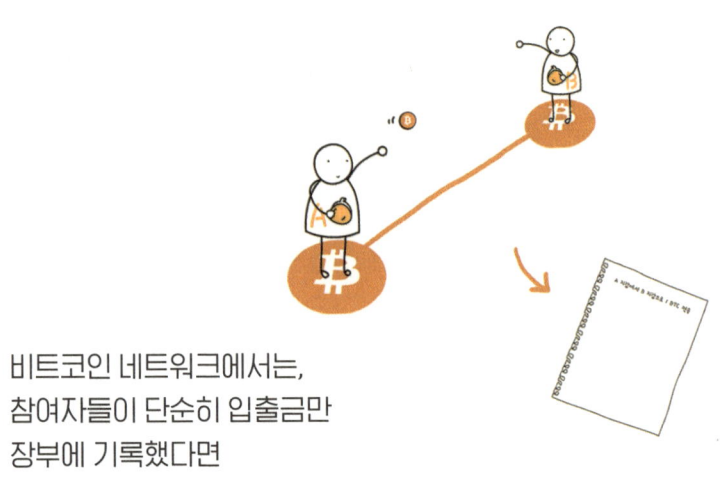

비트코인 네트워크에서는,
참여자들이 단순히 입출금만
장부에 기록했다면

이더리움 네트워크에서는,
참여자들이 특정한 조건에 따라
명령어들을 실행할 수 있다.

AZdRsbHLSIt8JdnF69RbZnhADzWKhYn3MR

비트코인 주소는 '지갑'
한 종류만 있지만

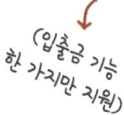

(입출금 기능
한 가지만 지원)

0xecc8dc9e0cbfd234096
3201cebc0fc7dde2055eb

이더리움 주소는 '지갑'과
'계약서'가 있다.

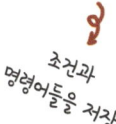

조건과
명령어들을 저장

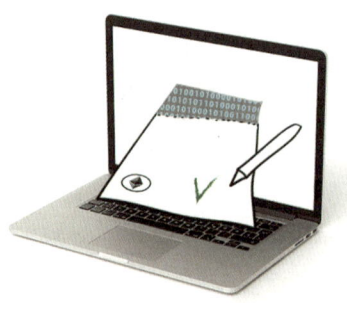

완전히 디지털화, 자동화된 이 계약서를
'스마트 컨트랙트(smart contract)'
라고 부른다.

이더리움의 '스마트 컨트랙트'는
프로그래밍 언어 중에서도 제약이 없는
'튜링완전언어'를 지원하고 있다.

그렇게 프로그래밍한 앱을
이더리움 위에서 구동하게 되는데,
기존의 '앱'과 이름을 구분하고 '분산화'라는 특성을 살려
댑(dApp, decentralized App)이라 부른다.

비트코인의 비전이
기존 금융권을 혁신하는
새로운 금융 시스템이라면

이더리움의 비전은
기존의 인터넷을 대체하는
새로운 컴퓨터 네트워크이다.

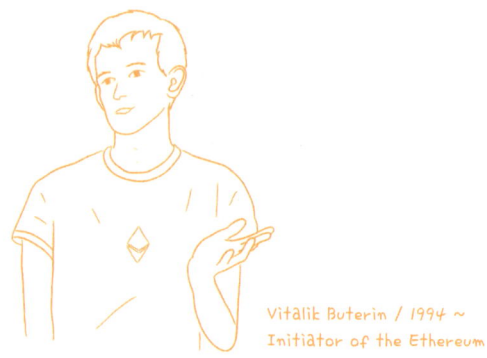

Vitalik Buterin / 1994 ~
Initiator of the Ethereum

비탈릭 부테린의 대담한 상상력이
우리가 사는 세상을 얼마나 바꿀지 기대된다.

스마트 컨트랙트

· 스마트 컨트랙트의 개념은 닉 자보(Nick Szabo)가 1994년에 처음 제시했다. 암호학자이자 법학자였던 자보는 상업에서 사용되는 계약의 법칙을 전자 플랫폼으로 옮겨오면서 법이 아니라 프로그램을 통해 계약이 이행되고, 이에 따라 보안을 갖추는 동시에 계약의 이행에서 제3자에 대한 의존도를 줄이는 것을 목표로 했다.

· 자보는 이 개념을 처음 제시하면서 현실에 적응되는 예시를 들었는데, 바로 자판기다. 자판기는 특정 조건(특정 물품에 대한 금액 지불)이 성립되지 않으면 물건을 주지 않지만, 반대로 그 조건이 성립되면 제3자의 개입 없이 해당 물건을 바로 제공한다. 아날로그 스마트 컨트랙트라고 생각할 수 있다.

· 스마트 컨트랙트를 활용하면 계약을 집행하기 위해 추가 자원이나 인력을 사용할 필요가 없어져 중간비용을 절감할 수 있다는 이점이 있다.

· 비탈릭 부테린은 스마트 컨트랙트의 개념을 블록체인 기술과 결합한 이더리움을 개발하여 암호화폐 분야에서 사토시 나카모토에 버금가는 영향력과 상징성을 지니게 되었다.

분산화된 어플리케이션, 댑(decentralized application, dApp)

· 국내에선 가끔 "댑" 말고 "디앱"이라고 표현하는 경우도 있는데, 외국에서는 주로 댑이라 발음한다.

· 현재 존재하는 암호화폐들의 대부분은 이더리움 등의 플랫폼 코인을 활용해 만들어지고 구동되는 댑에 사용되는 토큰이다.

솔리디티 (Solidity)

이더리움의 스마트 컨트랙트 프로그래밍 언어이다. 이후 나온 블록체인 플랫폼 계열 프로젝트 중에는 다른 프로그래밍 언어로도 스마트 컨트랙트 작성이 가능하게끔 만들어진 것들이 있다.

3장
블록체인과 암호화폐

꽃이 핀다.

꽃은 번식을 통해 유전자를 남기기 위해
꽃가루를 만든다.

꽃가루를 옮겨 수정을 돕는 건
나비와 벌 같은 곤충들이다.

나비와 벌은 꽃의 번식을 돕지만
꽃을 위해서 돕는 것이 아니다.

곤충들은 꽃의 번식에는
눈곱만큼도 관심이 없다.

다만 꿀이라는 달콤한 보상에 따라
움직일 뿐이다.

블록체인과
암호화폐의 관계도

꽃과 꿀의
관계와 같다.

블록체인 역시 스스로의 생존과 확장을 위해
참여자에게 보상을 지급하도록
설계되어 있기 때문이다.

즉, 블록체인과 암호화폐는
동의어처럼 사용되곤 하지만, 서로 다르다.

≠

블록체인은 결국 사용자들끼리 합의를 통해
데이터를 관리하는 새로운 방식을 가리키는 것이다.

어떤 데이터가
참인지 합의하고,

그 데이터를
기록한다.

이때 데이터를 필요로 하는
사용자들만 있고,

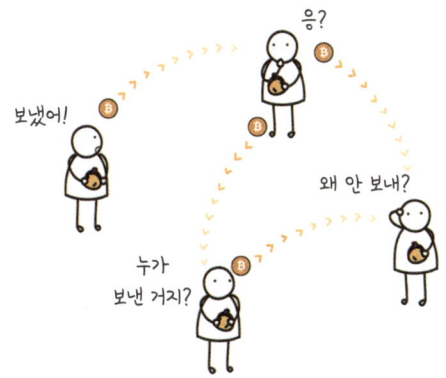

데이터를 확인하고 기록해줄 참여자가 없으면
블록체인 네트워크는 유지될 수 없다.

블록체인 합의에 참여하는 사람들이 있어야
블록체인 네트워크가 유지된다.

이들의 참여를 유도하기 위해
동기를 부여하는 방법이

바로 '암호화폐'를 통한 보상이다.

참여자들이 성실하게 참여할수록
블록체인 네트워크가 건강하게 성장하고,

블록체인 네트워크가 건강하게 성장할수록

암호화폐에도 높은 가치가 부여된다.

또 이렇게 보상이 커질수록,
합의에 참여하려는 사람들 또한 늘어난다.

이러한 보상 구조를 통해 블록체인 네트워크는
자발적으로 유지되는 생태계가 될 수 있다.

블록체인과 암호화폐가
분리될 수 없는 이유이다.

"그러니까 블록체인은 좋은데
암호화폐는 나쁘다는 말은
있을 수 없다는 것!"

프라이빗 블록체인

기존 기업들도 거래 내역을 보증해줄 중간자가 필요 없다는 장점 때문에, 블록체인에 관심을 가지고 도입을 준비하고 있다. 이들은 거래 내역이 만천하에 공개되는 퍼블릭 블록체인보다는 주로 허가받은 사용자들만 확인할 수 있는 프라이빗 블록체인을 구성하는데, 이럴 경우 암호화폐를 사용하지 않기도 한다. 본래 암호화폐는 블록체인 거래 내역을 기록하고 확인해주는 것에 대한 대가인데, 기업이 구성하는 프라이빗 블록체인은 굳이 그런 보상을 주지 않아도 참여자들이 존재하기 때문이다.

암호화폐의 가격 유동성

암호화폐 가격이 워낙 오르락내리락하기 때문에 투기성, 사행성이 짙다며 비판하는 목소리가 있는데, 이는 합리적인 의견이라 할 수 없다. 암호화폐의 가격 변동성은 블록체인 기술 자체의 문제가 아니라, 이 기술을 활용하는 다양한 아이디어와 이로 인해 발생한 부가가치가 시장 상황과 맞물려 유동적인 움직임을 보이는 것이기 때문이다. 화폐와 주식 역시 가치가 오르고 내린다. 제1차 세계대전 이후 독일 마르크화의 인플레이션, 경제대공황 당시 주식 폭락 등으로 인해 많은 피해자가 발생했지만, 이러한 사건 때문에 화폐와 주식 자체가 나쁜 것이라고 비난하는 것도 불합리하다는 점을 생각하자.

4장

암호화폐는
어떻게 구하나?

뉴스를 보던 팀장이 문득 물었다.

비트코인은
어디서 사냐?

암호화폐를 가지려면
두 가지 방법이 있다.

하나는 채굴처럼 프로토콜로
정한 방식에 따라 얻는 것.

다른 하나는
다른 사람에게 구입하는 방법이다.

직거래도 가능하지만, 불편하다.

거래소를 이용하면 다른 사람을 만날 필요도,
번거롭게 가격 흥정을 벌일 필요도 없다.

거래소에서 사려는 사람과 팔려는 사람의
대기 행렬에 참여하면 간단하다.

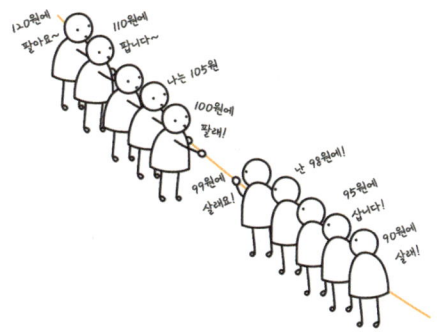

거래소를 이용하기 위해서는
회원 가입을 해야 한다.

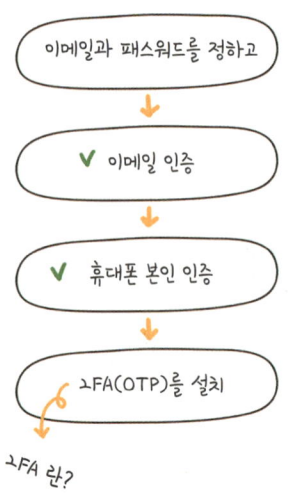

2FA 란?

가입이 완료되면
원화를 입금해야 한다.

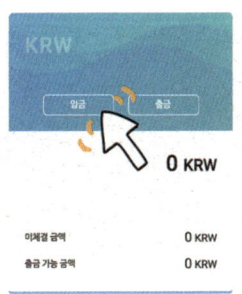

원화 입금이 처리되면
사고 싶은 암호화폐를 골라

매수, 매도호가를 확인하고
구입하고 싶은 가격과 수량을 입력한다.

사는 사람과 파는 사람의 가격이
맞으면 거래가 이루어진다.

거래를 기다리지 않고 바로 사고 싶으면
시장가를 선택하면 된다.

그러면 팔겠다는 사람 가운데 가장 싸게 내놓은 사람과
바로 거래가 이루어진다.

거래를 할 때마다 약간의 수수료를 거래소에 낸다.

0.075% ← 수수료는 거래소마다 다르다

10만 원을 사면 75원을 수수료로 낸다.

그렇게 구입한 암호화폐는 거래소에 둘 수도 있고,

다른 지갑으로 전송할 수도 있고 (다른 거래소, 하드월렛 등)

필요할 때 매도해
원화로 교환할 수도 있다.

* 수면매도: 잠들기 전에 호가보다 높게 매도 주문을 걸어놓는 방법. 반대로 '수면매수'가 있다. 증권 시장과 달리 24시간 돌아가는 암호화폐 시장의 특성상 잠자는 시간에도 거래가 가능하기 때문에 생겨난 거래 방법.

* 단타: 단기로 주식이나 암호화폐를 사고파는 행위. 여기에서 단기는 짧으면 수초, 길면 며칠 정도의 기간을 의미한다.

암호화폐 지갑
암호화폐 지갑 주소는 대부분 기억할 수 없을 정도로 긴 숫자와 알파벳의 조합으로 되어있다. 그러나 상대적으로 최근에 나온 암호화폐 중에는 편의성을 위해 유저들이 익숙한 개별 ID 형식으로 지갑 주소를 만드는 경우도 있으며, QR코드를 사용할 수도 있게 해 접근성을 높여가고 있다.

거래 수수료
일반적으로 암호화폐 거래소는 거래소 내에서 매수 혹은 매도를 하면 그 대가로 정해진 수수료를 차감한다. 정확한 수수료는 거래소마다 천차만별인데, 경우에 따라 0% 수수료 정책을 취하거나 주문 종류에 따라 마이너스 수수료(거래를 하면 수수료를 내는 게 아니라 약간의 환급을 받는 것)를 적용하는 거래소도 존재한다.

암호화폐 보관법
· **거래소에 보관** – 거래소 계좌에 보관하면 상대적으로 매수·매도가 편리하다. 그러나 거래소가 해킹을 당하거나 파산하면 거래소 지갑에 있던 암호화폐가 사라질 위험이 존재한다.

· **컴퓨터/모바일기기에 보관** – 지갑 프로그램을 사용해 암호화폐를 자신의 컴퓨터 하드디스크나 모바일 기기 등에 보관할 수 있다. 개인의 컴퓨터나 모바일 단말기 보안 관리에 철저할 경우 안전하나, 반대로 보안 관리가 소홀하다면 해킹의 위험이 존재한다.

· **하드웨어 지갑에 보관** – USB처럼 생긴 전용 하드웨어 지갑에 보관할 수 있다. 전송할 때가 아니면 인터넷에 연결되어 있지 않기 때문에 가장 안전하게 보관할 수 있지만, 상대적으로 신속한 거래가 어렵다는 단점이 있다.

5장

암호화폐 시장 용어를 알아보자

이번 장은 암호화폐 시장에 처음 들어온
사람들을 위한 용어 설명 시간.

암호화폐 웹툰을 그리며
암호화폐 거래를 터보았다.

chart

이거시 떡락

급피곤

물리다

구매 후에 가격이 떨어져서 팔지 못하고 버티는 상황

장투

장기 투자

존버

존x 버리다

리딩방에 들어갔다.

리딩방

차트를 중심으로
투자 조언을 해주는 단톡방

비캐

비트코인 캐시

00층

00원에 매수해 손절하지 않고
보유한 사람들이 물린 지점

추매

오를 때
급히 따라 사는 것

익절

이익을 보고
매도하는 것

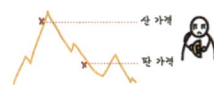 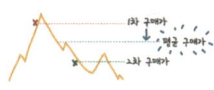

손해 보고 파는 것   산 가격보다 낮은 가격에 매수해 평균 단가를 낮추는 방법

세력

대규모 자본을 이용해 시세
조작을 하는 사람 또는 조직

펌핑	덤핑	저지선

대량 매수를 통해 가격을 끌어 올리는 방법	대량 매도를 통해 가격을 끌어 내리는 방법	가격 상승이나 하락 시 이를 막을 걸로 예상되는 가격선

앗,
이상한 점 발견

이를 '코리아 프리미엄'이라 하며,
비꼬아 김치 프리미엄, 김프라고도 부른다.

그럼 비트코인을 달러로 사서
우리나라 거래소로 옮긴 다음
팔면 20% 이득이네?

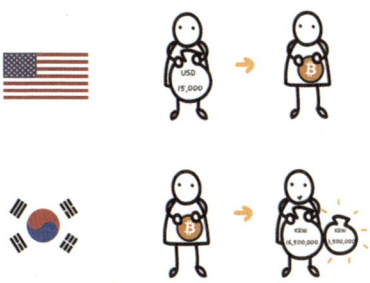

이를 재정거래, 차익거래라 한다.

반대로 우리나라 거래소 가격이 해외 거래소보다
낮을 때에는 우리나라에서 산 다음,
해외 거래소로 옮기고 팔면 이득이다.

(역프리미엄, 역프)

그러나 재정거래가 쉬웠으면
프리미엄도 생기지 않는다.

프리미엄이 생기는 것은
그만큼 재정거래가
쉽지 않기 때문!

그럼, 모두 성투하시길 !
↳ 성공투자

프리미엄

김치 프리미엄(코리아 프리미엄: 한국 거래소에서의 가격이 외국 거래소에서의 가격보다 높은 현상)은 항상 존재하는 것이 아니고, 경우에 따라서는 미국이나 다른 시장이 한국보다 더 가격이 높은 경우가 존재한다. 미국 시장에서의 가격이 높으면 '햄버거 프리미엄'이라는 표현을 사용한다. 2018년 1월 초 최대 상승장일 때는 김치 프리미엄이 50%에 육박한 때도 있었지만, 이후 조정을 맞이하며 김치 프리미엄은 예전에 비해 많이 사라졌다.

기타 알아두면 좋은 용어들

· **롱**(Long) – 암호화폐 가격이 지금보다 올라갈 거라고 생각하는 것. 롱 포지션이라고 하면 보통 매수라고 이해해도 무방하다. 상승에 대한 확신이 강할 경우 투자자금보다 더 큰 성과를 얻기 위해 거래소로부터 돈을 빌려 매수를 하고(공매수) 나중에 가격이 올랐을 때 팔아서 갚는 방식으로 투자하기도 한다.

· **숏**(Short) – 암호화폐 가격이 지금보다 떨어질 거라고 생각하는 것. 숏 포지션이라고 하면 보통 보유하고 있던 암호화폐를 파는 것을 말한다. 하락에 대한 확신이 강할 경우는 보유하고 있는 암호화폐가 없어도 거래소로부터 암호화폐를 빌려서 미리 팔고(공매도) 나중에 가격이 떨어지면 되사서 갚는 방식으로 투자하기도 한다.

· **마진콜**(Margin call) – 공매와 공매도의 경우 원 투자자금보다 더 큰 돈 혹은 암호화폐를 빌려서 거래하는 것이기 때문에, 예상과 다르게 시장이 움직일 경우 원금 이상의 손해가 발생(투자금은 100만 원인데 손실은 1,000만 원)할 수 있다. 그런 위험이 감지될 경우 거래소에서는 투자자 의사와 상관없이 자동으로 거래를 청산해서 원금까지만 손실이 나게 하는데, 이를 마진콜이라 한다. 암호화폐를 사면 가격이 아무리 떨어져도 암호화폐 자체는 남아 있지만, 마진거래(공매수, 공매도)를 하다 예측이 틀려 마진콜을 당하면 원금과 암호화폐가 모두 날아가게 된다.

· **스톱로스**(stop-loss) – 손해 조절 설정 장치. 예를 들어 가격이 올라갈 거라 믿고 매수를 했는데, 예상과 반대로 움직일 경우 피해가 누적되는 것을 막기 위해 어느 시점에서 손해를 보고 거래를 청산하는 것을 말한다. 5%, 10%, 20% 등 투자자들마다 자신만의 손절 기준이 있다. 요즘 암호화폐 거래소에서는 미리 손절 기준을 입력해두면 해당 가격에 도달했을 때 자동으로 주문이 체결되는 시스템을 지원하기도 한다.

· **FUD**(Fear, Uncertainty, Doubt) – 두려움, 불확실성, 의구심의 약자. 투자 심리를 위축시키는 흉흉한 소문(해킹, 규제 등)을 가리킨다. 암호화폐를 싸게 구매하기 위해 일부러 FUD를 퍼트리는 경우도 있다.

· **FOMO**(Fear of Missing Out) – 암호화폐 가격이 급등할 때 기회를 놓칠까 싶어 허겁지겁 달려들고 싶은 마음이 드는 것을 말한다. 이런 심경으로 급히 매수하는 것을 FOMO Buy 라고 하며, 자칫하면 고점에서 물려 큰 손해로 이어질 수 있다.

· **HODL** – '존버'의 영어 버전으로, Hold(버티기)의 오타. 한 외국 암호화폐 커뮤니티에서 누군가가 만취한 상태로 Hold를 쓰다 오타를 낸 것이 컬트적인 인기를 끌어 이제는 영어권 코인 세계의 대표 용어가 되었다. 혹자는 "Hold on for Dear Life(목숨이 달린 것처럼 붙들고 있어라)"의 약자라고 하기도 하는데, 이는 나중에 끼워 맞춘 설명일 뿐이다.

· **Panic Sell** – FOMO Buy의 반대 개념. 가격이 급락할 때 공포심에 빠져 허겁지겁 매도하는 것을 말한다. 가끔 세력이 개인투자자들의 Panic Sell을 유도해(일시적으로 시세를 급락시켜서) 물량을 떨어낸 후 다시 급등시키는 경우도 있다.

· **Shill** – 예찬론자. 특정 암호화폐를 찬양하면서 다른 암호화폐를 심하게 폄하하는 사람을 말한다. 비슷한 의미로 fanboy, fangirl이 있다.

2부
블록체인은 어떻게 시작되었을까

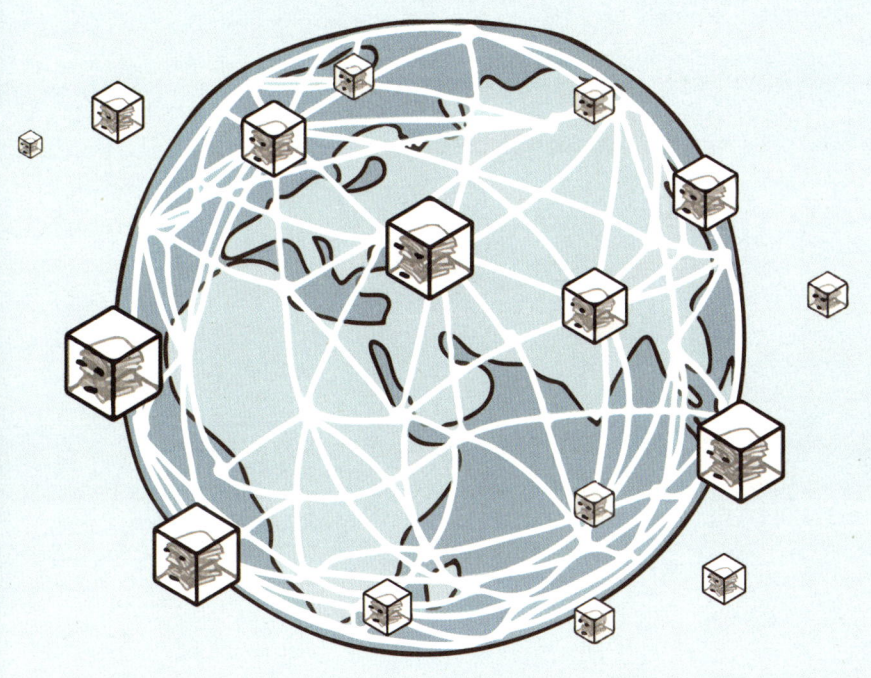

6장

블록체인 프리퀄 1
데이비드 차움과 사이퍼펑크

2018년 4월

서울워커힐호텔에서 열린 제1회 분산경제포럼(Deconomy, Distributed Economy)을 찾은 한 장년의 남자.

'암호학의 아버지'라 불리는
데이비드 차움

데이비드 차움은 뉴욕대학과
UC산타바바라대학의 교수로,
1982년 국제암호학회*를
처음으로 창설했고,
*IACR(International Association for Cryptologic Research)

1980년대에 이미 암호학을 화폐와 투표 등
다양한 영역에서 활용하는 방안을 연구해
논문과 특허를 냈다.

'추적 불가 전자 메일, 주소 그리고 디지털 익명성' (1981)
'추적이 불가능한 결제를 위한 은닉 서명' (1983)
'신분 없는 보안: 빅브라더를 이기는 방법' (1985)

암호 기술을 적용하여
원장, 암호화된 계좌, 은닉 서명, 이중 지불 방지를 위한
시스템 등을 구상한 차움은

1990년 디지털 화폐 회사
디지캐시(DigiCash)를 설립했고,
디지털 화폐 'E캐시(E-cash)'라는
암호화폐를 만들었다.

E캐시는 거래 내역을 다른 사람이
알 수 없도록 익명성을 보장했다.

차움은 E캐시 라이선스를 기관에 판매해
각국 중앙은행과 상업은행, 기업 등이
E캐시를 활용할 것을 기대했으나

사람들의 관심을 받지 못하고,
디지캐시는 IPO에 실패하며
급속히 몰락했다.

비록 암호화폐는 실패했으나
(1998년 디지캐시 파산)

시대를 앞서간 그의 사상과 암호학 기술은
블록체인을 통해 이어지고 있다.

1980년대 후반
데이비드 차움에게 영감을 받은 운동가들이 있었다.

'사이퍼펑크(cypherpunk)'

사이퍼펑크는 대규모 감시와 검열에 맞서
개인의 자유와 안전을 지키기 위한 방안으로
강력한 암호화 기술을 활용해야 한다고
주장하는 사람들로 구성된 일종의 연합체이다.

"사이버펑크가 아니라
사이퍼펑크예요."

전 세계 정부나 기업의 비윤리적 행위와 관련한 비밀문서를 폭로하는 웹사이트인 위키리크스(Wikileaks)도 이 운동에 뿌리를 두고 있다.

위키리크스의 창립자 줄리언 어산지는
호주 출신의 해커였고,
1990년대 사이퍼펑크 중심 인물로 활약하기도 했다.

사이퍼펑크에게 익명 디지털 통화 시스템은
익숙한 개념이었다.

다음 장에서 나오겠지만, 그들 가운데 몇 명은
비트코인이 등장하기 전에
이러한 통화를 구상하고 시도했었다.

디코노미(Deconomy)
2018년 4월부터 개최된 분산화 경제 관련 포럼 시리즈로, 암호화 기술, 블록체인 기술, 분산화된 네트워크 등의 다양한 주제에 대해 발표와 토론이 진행된다. 2018년 11월에 프랑스에서 제2회, 2019년 4월에 서울에서 제3회 디코노미가 개최될 예정이다.

Ecash
Ecash를 비롯해 90년대에 다양한 디지털 화폐들은 신용카드와 경쟁하게 되었다. 차움은 사람들이 각자의 개인정보가 어딘가로 유출될 가능성을 두려워할 것이라 생각하면서 Ecash를 만들었으나, 기술이 보편화되고 일반 유저들로 확산되면서 보안보다는 편의성을 우선시하는 사람들이 많아졌다. 현재 블록체인 기술을 활용한 제품들이 상대적으로 아직까지 편의성이 높지 않다는 점을 감안하면, 이는 현재 블록체인 기반 제품들에게 시사하는 바가 있다.

사이퍼펑크
• 사이퍼펑크는 암호화 또는 해독에 사용되는 알고리즘을 의미하는 단어 사이퍼(cipher, 또는 cypher), 그리고 문명과 기술의 발달로 인해 발생하는 인류의 괴리감을 표현한 공상과학 장르인 사이버펑크(cyberpunk)라는 단어를 합쳐서 만들어졌다.

• 사이퍼펑크는 일사불란한 연합체가 아니라, 암호화 기술이 필요하다는 철학을 가진 사람들끼리 이메일을 주고 받으면서 수학, 암호학, 철학 등에 대한 토론 및 논쟁을 진행하는 이메일 리스트였다. 1997년에는 총 2천여 명의 가입자를 자랑했다.

7장

블록체인 프리퀄 2
비트코인의 탄생

비트코인이 등장하기 약 10년 전,

사이퍼펑크 운동가 웨이 다이(Wei Dai)는
비트코인과 비슷한 시스템을 설계했다.

암호학 전문가이며
수학, 철학에도 관심이 깊었던 그는

P2P 거래와 분산원장 시스템을 접목해
B머니(b-money)라는 전자화폐를 발표했다.

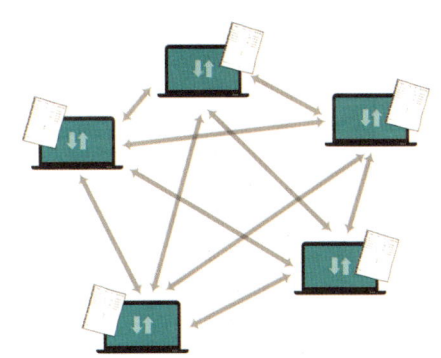

그러나 이는 개념 발표로만 그치고
실제 시스템이 만들어지지는 않았다.

영국인 암호학자 아담 백(Adam Back)은
1997년 해시캐시라는 시스템에
작업 증명(POW) 개념을 도입했다.

스팸메일을 막기 위해
메일을 보내는 사람이 시간을 들여 작업 증명을
해야만 해시캐시 인증을 받도록 한 것이다.

백은 현재 비트코인 기술을 개발하는 기업인
블록스트림(Blockstream)의 대표를 맡고 있다.

미국의 컴퓨터 과학자이자 암호학자인
닉 자보(Nick Szabo)는
1998년 PoW를 기반으로 하는
비트골드를 고안했다.

황금이 중앙관리 개체 없이도
가치를 유지하는 것을 온라인으로
구현하려 시도한 시스템이었다.

위의 세 가지는
비트코인에 큰 영향을 준 것으로 보인다.

2008. 10. 31.

10년이란 시간이 흐른
2008년 10월 31일.

뉴욕 시간 오후 2시 10분
암호학 전문가와 아마추어 수백 명에게
한 통의 이메일이 도착했다.

발신인 : Satoshi Nakamoto(사토시 나카모토)

발신인: 사토시 나카모토

"저는 신뢰할 만한 제3자 중개인 없이 완전히 당사자끼리 운영되는 새로운 전자 통화 시스템을 연구해오고 있습니다."

라는 메일 내용과 함께
논문을 다운받을 수 있는 링크가 달려 있었다.

9페이지짜리 논문

국가도 없고 은행도 없이
컴퓨터와 인터넷만 있으면
전 세계에서 이용할 수 있는 화폐.

'비트코인(bitcoin)'의 개념을
설명하는 논문이었다.

논문이 발표된 지 2달 후,
2009년 1월 3일 비트코인이라는 화폐가
실제로 발행되기 시작했다.

관리하는 사람 없이
정해진 프로토콜*에 따라
2140년까지 2,100만 개의 코인이 만들어진다.

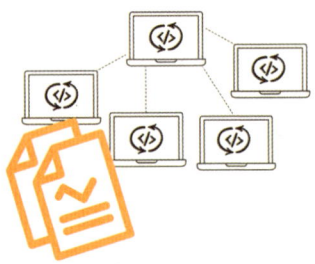

* protocol : 복수의 컴퓨터 사이나 중앙 컴퓨터와 단말기 사이에서
데이터 통신을 원활하게 하기 위해 필요한 통신 규약

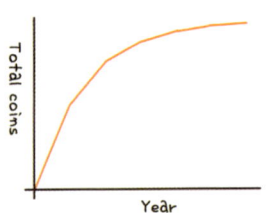

* 비트코인 프로토콜
2009년 시작 이후 처음에는
10분마다 50개의 비트코인이 생성되지만,
4년마다 절반으로 줄어들어
2140년에 2,100만 개로 생성이 종료된다.

비트코인의 탄생이었다.

웨이 다이

- 다이는 B-money의 개발 외에도 Crypto++라는 것을 만든 것으로 유명하다. Crypto++는 프로그래밍 언어 C++를 사용하는 암호화 관련 알고리즘 저장고이며, 무료로 제공되고 오픈소스라서 학계와 산업계에서 자주 사용한다.

- B-money는 비트코인의 핵심 개념 중 여러 가지를 미리 제시했다는 점에서 의의가 크다. 대표적으로 컴퓨터 연산을 통한 작업 증명, 커뮤니티가 공유하는 장부 확인에 의해 거래를 확인하는 방식 등은 b-money를 발표한 논문에서 제시된 바가 있으며, 비트코인 백서도 b-money 논문을 인용한다.

애덤 백

- 사토시 나카모토가 비트코인을 개발하면서 처음으로 개별적으로 연락을 취한 사람이 바로 웨이 다이와 애덤 백이다. 백이 개발한 해시캐시는 작업 증명에 있어서 "증명" 부분을 효율적으로 수행할 수 있게 만들었다는 점이 특징이다.

- 백의 회사 블록스트림은 비트코인의 확장성을 위한 레이어 2 솔루션 개발을 하고 있으며, 이 때문에 블록 크기를 직접적으로 늘리는 것으로 비트코인의 확장성을 확보하려는 비트코인 캐시 측과 매우 사이가 좋지 않다.

닉 자보

- 이더리움 장에서 설명했듯이, 자보는 스마트 컨트랙트라는 개념을 처음 제시한 것으로 유명하다.

- 비트 골드는 컴퓨터 연산력을 사용해 암호화된 퍼즐을 해결하고, 이 퍼즐에 대한 해답이 공동 장부를 통해 증명되면 그것이 다음 퍼즐의 일부분으로 연결되는 구조를 가졌다. 비트코인의 구조와 매우 비슷하다.

- 앞선 두 사람과 달리, 비트코인이 사회적 현상이 되고 사토시 나카모토의 정체를 궁금해하는 사람들이 많아지면서 자보는 사토시 나카모토의 정체에 대한 유력한 후보로 떠오르기도 했다. 그러나 자보는 이를 극구 부인하고 있다.

8장

**블록체인 프리퀄 3
누구도 종료시키지
못하는 시스템**

사토시 나카모토는 자신의 컴퓨터에
비트코인 프로그램을 설치했다.

그의 컴퓨터는 블록을
생성하기 시작했고,

채굴 보상으로 들어오는 비트코인을
그의 지갑으로 옮기기도 했다.

첫 블록 생성 후 6일간의 테스트를 거친 다음
그는 전문가들에게 이 소식을 알렸다.

반응은…

탈중앙화된 전자화폐는 이미 여러 번 실패한 데다 네임드도 아닌, 처음 듣는 인물이 만들었다고 하니 관심을 기울이는 사람이 거의 없었다.

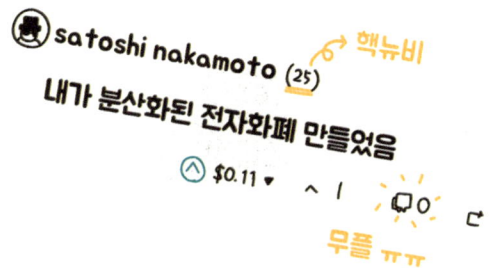

그때 두 번째 노드가 나타났다.

PGP(Pretty Good Privacy)라는
이메일 정보 보안 프로그램 회사의 개발자로 일하던
할 피니(Hal Finney)였다.

"피니가 없었으면 어쩌면 비트코인은 없…"

할 피니는 전자화폐를 만들려고
시도한 적이 있었기에 관심이 많았다.

"오 이건 되려나?"

비트코인 프로그램을 다운받아
채굴을 시작했고,

블록 생성 :
50개 비트코인 채굴

블록 생성 :
50개 비트코인 채굴

사토시 나카모토는 처음으로
다른 사람에게 비트코인을 보낼 수 있게 되었다.

이렇게

할 피니는 사토시 나카모토와 메일을 주고받으며
비트코인 시스템이 개선되도록 도왔으나

일주일 정도 시간이 지난 뒤,
컴퓨터가 고장 날지도 모른다고 걱정해
노드를 중단했다.

할 피니가 채굴한 비트코인은
1,000개였는데,
2018년 6월 시세로는 약
80억 원이다.

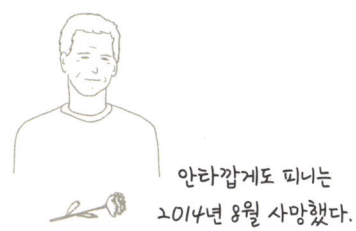

안타깝게도 피니는
2014년 8월 사망했다.

그사이 프로그램을 다운받는 사람들이 조금씩 늘었고
그해 11월, 비트코인 포럼이 만들어졌다.

그로부터 10년에 가까운 시간이 흘렀다.

이제 전 세계 수많은 컴퓨터가
비트코인 네트워크를 유지하고 있다.

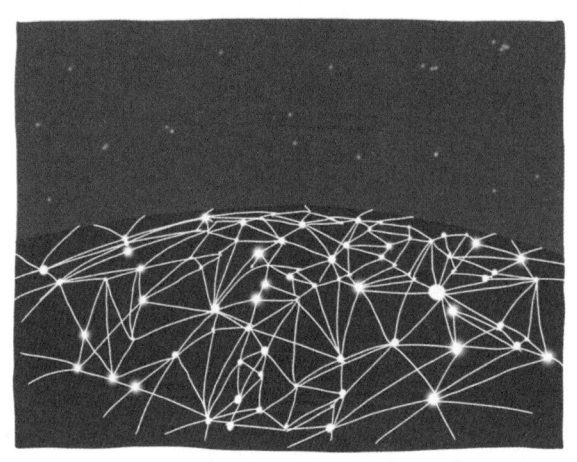

누구도 종료시키지
못하는 시스템.

마지막 한 대의 컴퓨터,
그 컴퓨터마저 없어져야

비트코인은 사라진다.

할 피니

· 비극적으로 피니는 2010년 경에 루게릭병 진단을 받으며 점차 자신의 사지를 제대로 다루지 못하는 상태가 되었지만, 자신의 눈을 움직이는 것으로 컴퓨터에 글씨를 입력하는 장치를 구입해 2014년 사망할 때까지 지속적으로 비트코인을 비롯한 컴퓨터 코딩 작업에 참여했다.

· 사토시 나카모토의 정체에 대한 궁금증이 커질 당시, 피니는 닉 자보와 마찬가지로 사토시 나카모토가 아니냐는 의혹을 받았다. 그러나 피니는 자신이 나카모토와 회신한 이메일 기록을 공유하면서 의혹을 잠재웠다.

비트코인 네트워크

2018년 7월 초 기준으로 비트코인 네트워크에는 9천 개가 넘는 노드가 있다. 비트코인 네트워크의 특성상 이 모든 노드가 비트코인 네트워크의 장부 내역을 갖고 있기 때문에, 이 노드 중 대부분이 없어진다 해도 복구가 가능하다. 이는 금전적인 거래를 가능하게 하는 것 외에도, 검열될 수 없는 기록을 남기는 데서 큰 의미를 갖는다.

3부

블록체인과 암호화폐, 한 삽 더 파보기

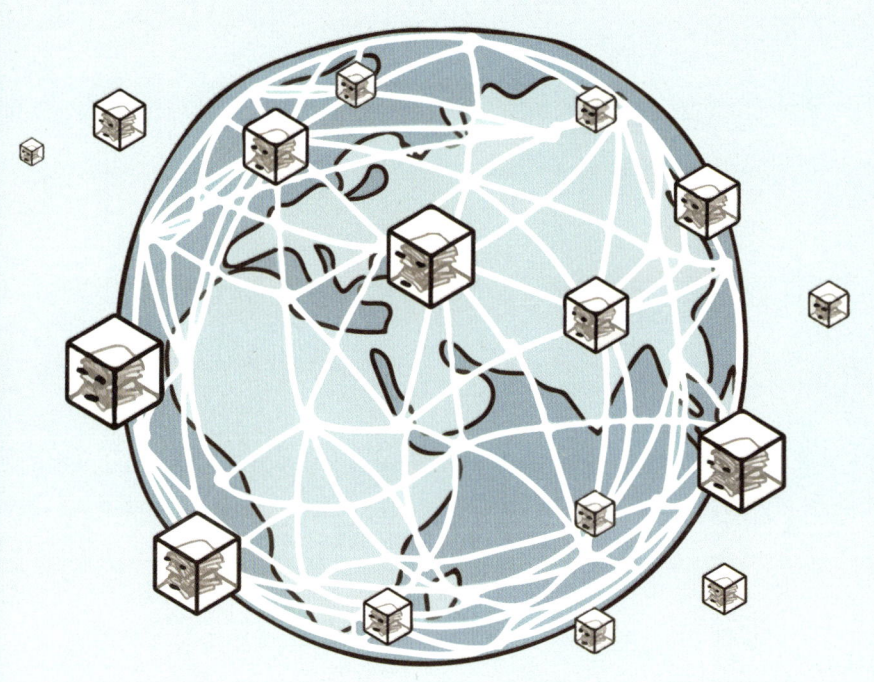

9장

블록체인 용어를 알아보자

오늘은 블록체인 용어들에
대해 알아봅니다.

블록체인에서 블록들을 이어가려면
합의가 필요하다.

비트코인 컨센서스를 위한 알고리즘은

단순 작업으로 블록을 생성한다.

'해시'라는 키 값을
맞히기 위한
의미 없는 정보를
작성하다 보면,

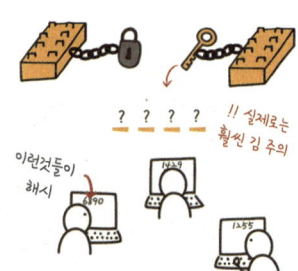

어느 순간 이전 블록과
연결되는 키를 찾을 수 있다.

전체 해시
양이 늘어나면

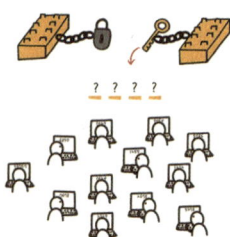

키를 찾는 시간이
빨라지는데,

그럴 때마다 '난이도'를 조정해
블록 생성 시간을 일정하게 한다.

청천벽력

채굴하는 코인은
모두 PoW 방식이에요.

반면 이와 다른
블록체인 컨센서스도 있다.

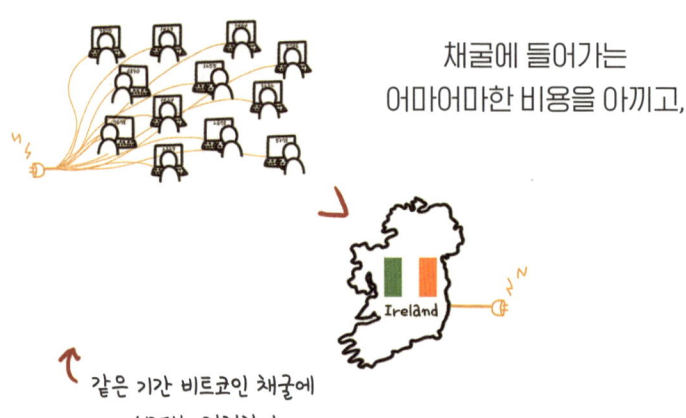

채굴에 들어가는
어마어마한 비용을 아끼고,

같은 기간 비트코인 채굴에
소모되는 전력량이
아일랜드 전력량을 넘는다고 한다.

해시 독점 문제를 해결하기 위한 방식으로

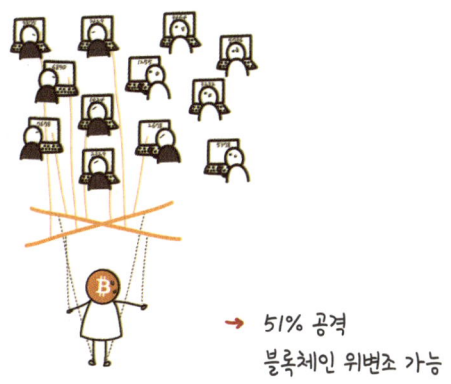

→ 51% 공격
　 블록체인 위변조 가능

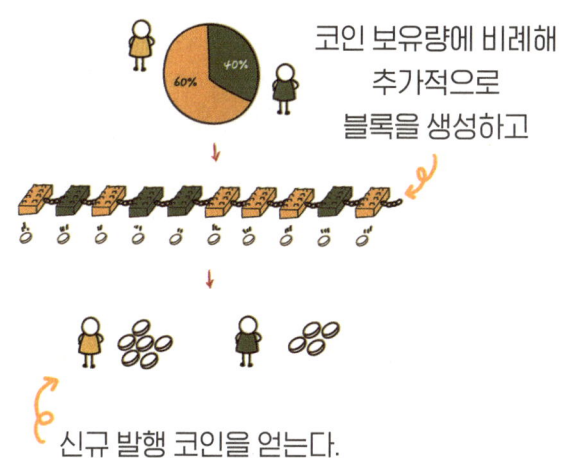

코인 보유량에 비례해
추가적으로
블록을 생성하고

신규 발행 코인을 얻는다.

대표적인 PoS(dPoS) 코인들

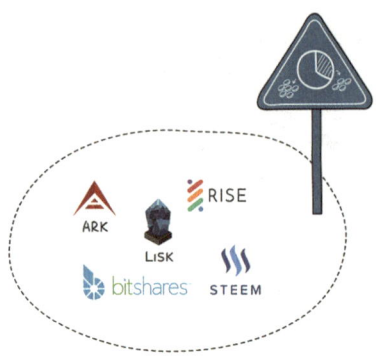

처음에는 PoW로 하다가
PoS로 전환하는
블록체인도 있는데,

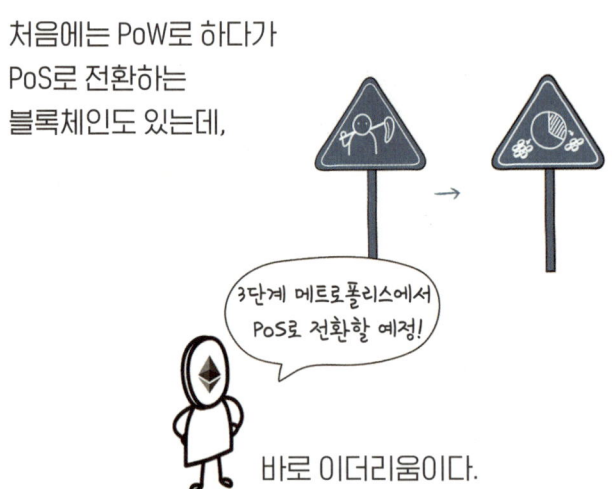

바로 이더리움이다.

이 밖에 PoI도 있고,

PoL도 있다.

비탈린 부테린
블록체인 활용 예시

형들 지금 3,930,000째 블록 만들어지고 있지?

부테린 사망설이 떠돌자 부테린이 당시 이더리움에서 생성되는 블록 숫자를 종이에 적어 트위터에 올렸고, 한 신문에서 이를 PoL, Proof of Life라고 했다.

뭐야, 그게…

블록체인 컨센서스가 이루어지지 않으면
체인이 분기되기도 한다.

이렇게 분기된 블록체인은
각자의 방향에 따라 개발되어
서로 호환되지 않는다.

이를 하드포크라 한다.

한편, 소프트포크라는 것도 있는데,

PoS(Proof of Stake: 지분 증명)

- PoS는 PoW(Proof of Work: 작업 증명) 시스템이 필요로 하는 유지비용(전력, 장비 가격 등)이 늘어남에 따라 해결책을 찾기 위해 등장한 개념이다.

- 코인의 보유량이나 보유한 코인의 나이에 따라 블록 생성자가 될 확률이 조정되며, 이를 통해 합의를 형성한다.

- 그러나 PoS 역시 완벽한 시스템은 아니며, 몇 가지 해결해야 할 과제를 안고 있다. 대표적인 예가 nothing at stake이다.

- Nothing at stake(걸린 게 없는, 즉 이래도 그만 저래도 그만인 상황)

  블록체인에서 포크가 생성되면 기본적으로는 합의를 통해서 어느 포크가 "진리"인지를 결정하고, 나머지 갈래는 버려지게 된다. 그러나 순수 PoS에서는 발생하는 모든 포크에 대해 "이게 진짜다"라고 하는 행위의 기회비용이 거의 없기 때문에, 이렇게 주장하여 이중 지불을 가능하게 할 수 있다는 지적이 바로 nothing at stake 문제이다.

- 현재 PoS를 사용하고 있거나 PoS로 전환 예정인 블록체인들은 이 문제를 해결하기 위한 각자의 수단을 도입한 상태이다.

DPoS(Delegated Proof of Stake: 위임형 지분 증명)

- DPoS의 특징은 투표를 통해 블록 생성자를 선정한다는 것이다. PoS에서는 보유하고 있는 암호화폐 비중(해당 암호화폐의 전체 수량 중 몇 %를 보유하고 있는가)을 통해 다음 블록을 증명하고 그에 따른 거래비용을 벌 기회가 주어지는 반면, DPoS는 이처럼 지분을 가진 사람들이 정해진 수의 "증인"을 자신의 권한을 통해 선출하는 구조다. 완전히 정확한 비유는 아니지만, 주주총회의 개념을 생각하면 쉽다.

· 댄 래리머(Dan Larimer)가 참여한 비트셰어(BitShares), 스팀(Steem), 이오스(EOS) 등에서 대표적으로 사용되고 있다.

PoI(Proof of Importance: 중요도 증명)
블록체인에 블록을 추가할 수 있는 자격을 부여하는 시스템. 지분 증명과 유사하지만, 단순한 코인 보유량 외에도 실제 코인 사용량, 블록 생성을 위해 담보로 잡아둔(vested) 코인의 양 등 여러 변수를 조합해 블록체인에 대한 기여도를 파악하는 방식이다.

포크의 종류

· **소프트포크**

일종의 소프트웨어 업그레이드. 업그레이드하지 않아도 블록체인에 참여하는 데는 제약이 없으나, 특정 기능을 사용하는 데에는 제약이 발생할 수 있다.

· **하드포크**

- 기존에 존재하던 블록체인과 완전히 갈라서서 새로운 블록체인이 만들어지는 것. 하드포크가 일어난 후에는 이전에 사용하던 소프트웨어로 새로운 블록의 거래 내역을 확인할 수 없다.

- 하드포크가 일어날 경우, 새 블록체인으로의 업그레이드를 거부하고 기존 블록체인을 이어가는 사람들이 나타나기도 한다. 이럴 경우 처음 한 개였던 블록체인이 두 개 이상으로 나뉘어 각각 존재하게 된다.

  예) 비트코인과 비트코인 캐시, 이더리움과 이더리움 클래식

- 블록체인 내부에서 대대적인 합의가 이뤄졌을 경우, 별도로 파생되는 블록체인 없이 하드포크가 진행되는 경우도 존재한다.

· **하드포크와 소프트포크의 비유**

예를 들어, K라는 메신저 프로그램을 이용하고 있다면,

- 하드포크: K 메신저 기술을 일부 변경한 L이라는 새 메신저 탄생. L을 이용하면 당연히 K와 내용이 공유되지 않으며, K에서 했던 대화 내역도 L에서는 확인할 수 없다.
- 소프트포크: K 메신저 버전 업그레이드. 업그레이드를 하지 않아도 과거 대화내역을 볼 수 있고 사용하는 데 있어 큰 문제는 없지만, 일부 새 기능은 제한될 수 있다.

10장

암호화폐 시장을 알아보자

암호화폐에는 비트코인과
이더리움만 있는 것은 아니다.

수십 개, 수백 개를 넘어 1,656개에 달한다.
(2018년 7월 22일 코인마켓캡 기준)

암호화폐의 규모를 가늠하는 기본적인 지표는

 코인당 가격

 코인 공급량

 시가총액
(=마켓캡)

예를 들어, 2018년 7월 22일 기준으로

 이더리움이 1개당
459달러이고,

 공급량은
1억 개를 조금 넘으며

 시가총액은
466억 달러이다.
시가총액(마켓캡) = 코인 가격 × 공급량

비트코인은 공급량이 1,697만 개로
이더리움보다 적지만

1비트코인의 가격이 6,900달러로

시가총액 1,200억 달러

암호화폐 가운데
부동의 1위 자리를 지키고 있다.

"그러나 이전에 비해
비중은 많이 줄었어요."

1,565개 암호화폐 시가총액을 모두 더하면
암호화폐 전체 시가총액이 나오는데,

2018년 7월 22일 기준 2,800억 달러 수준이다.
원화로 319조 원.

전체 시가총액 가운데 비트코인이 차지하는 비중은
2016년까지만 하더라도 90%에 가까웠으나,
2017년 초부터 급격히 떨어져
2018년 7월 기준 45% 수준이다.

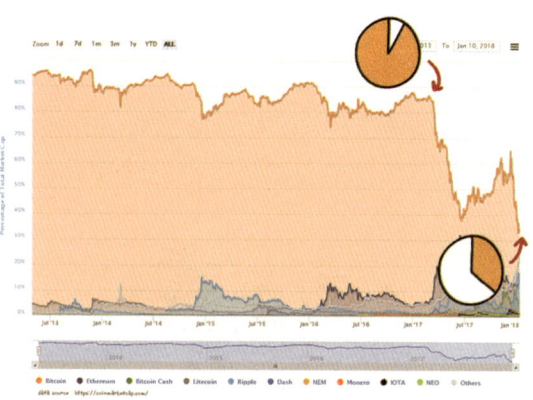

그만큼 다른 암호화폐들이
많이 성장했다는 의미이기도 하다.

비트코인을 제외한 암호화폐의 시총 순위는
다이내믹하게 변한다.

불과 1년 전과 비교해 10위권 내에 자리를 지키고 있는 건
비트코인, 이더리움, 리플, 라이트코인 4개뿐이다.

새로 발행되는 암호화폐의 진입도 빠르다.

주식 시장에 상장하는 기업은
기업 공개를 통해 외부 투자자에게
주식을 판다.

(IPO, Initial Public Offering)

암호화폐 시장에서는 코인을 공개하고
(ICO, Initial Coin Offering)
투자금을 모은다.

백서(white paper)라 불리는 몇 장의 문서로
암호화폐 기술로 이루고 싶은 계획을 제시하고
투자자에게 코인을 판매한다.

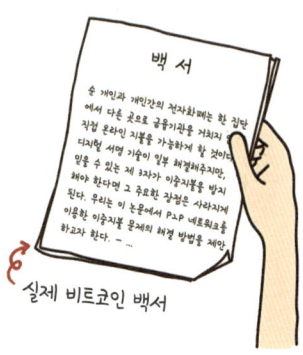

투자에는 다양한 방법이 있지만,

결국 중요한 것은
암호화폐 기술의 근본 역량이다.

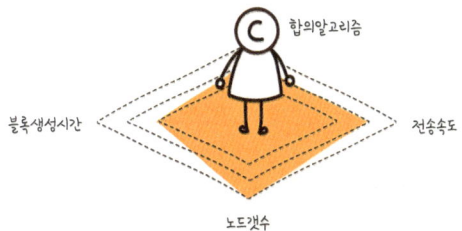

개발자가
어떤 이들이고,

블록체인 기술로
무엇을 하고자 하는지,

✳ 알아두면 유용한 암호화폐 정보 사이트

본래는 코인마켓캡이 독보적인 지위를 차지하고 있었으나, 경쟁사들이 생기면서 지금은 다양한 사이트들이 암호화폐 시세 관련 정보 및 서비스를 제공하고 있다.

코인마켓캡(coinmarketcap)
다양한 암호화폐 시세 정보와 시가총액, 그래프 등을 확인할 수 있는 사이트. 비트코인 점유율(비트코인 시가총액이 암호화폐 전체 시가총액에서 차지하는 비율, dominance) 등도 표시되어 투자자들과 언론이 제일 많이 참고하는 사이트다.

라이브코인와치(LiveCoinWatch)
코인마켓캡과 비슷하게 암호화폐 시세와 시가총액 등을 보여주며, 이름에서 짐작할 수 있듯이 실시간으로 시세 변화와 가격 변동을 확인할 수 있다.

트레이딩뷰(tradingview)
전문적인 차트 등 다양한 보조지표를 제공하는 사이트. 암호화폐뿐만 아니라 주식, 파생상품 등의 금융 지표들을 모두 조회할 수 있어서 투자자들이 자주 참고한다.

이 외에도 코인힐스(Coinhills), 코인캡(Coinapp) 등이 존재한다.

11장

암호화폐를
분류해보자

암호화폐는 왜 이렇게 많을까?

↑ 지금도 계속 늘고 있음

수많은 암호화폐가 모두
똑같은 기능을 가지고 있는 것은 아니다.

저마다 조금씩 다른 기능이 있으므로,
기능에 따라 분류해보자.

※ 다른 방식의 분류도 있으나 이번에는
기능에 따라 분류해보기로 한다.

첫번째, 분산원장 코인.
가장 기본에 충실한 암호화폐이다.

↖ 돈이 오고 간 기록
(원장)을 공유한다.

최초의 분산원장인 비트코인을 비롯해,
비트코인 캐시, 라이트코인, 도지코인 등이 있다.

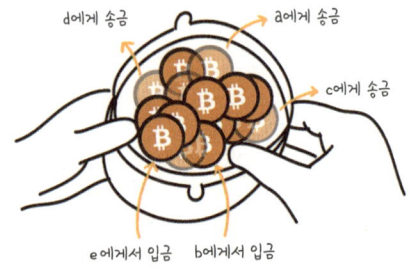

이를 부담스러워하는 이용자들을 위해
익명성을 추가한 코인들도 있다.

대시, 모네로, 제트캐시 등이다.

두번째, 플랫폼 코인.

블록체인 기술에 스마트 컨트랙트를 더해 코딩이 가능하다.

플랫폼 코인은
분산화된 네트워크를 제공한다.

이더리움, 네오, 이오스, 퀀텀,
스트라티스, 라이즈 등이 있다.

세번째, 어플리케이션 코인.

(=토큰)

안드로이드나 iOS에서 구동되는 앱처럼 분산화된 네트워크에서 구동하는 앱이 있다.

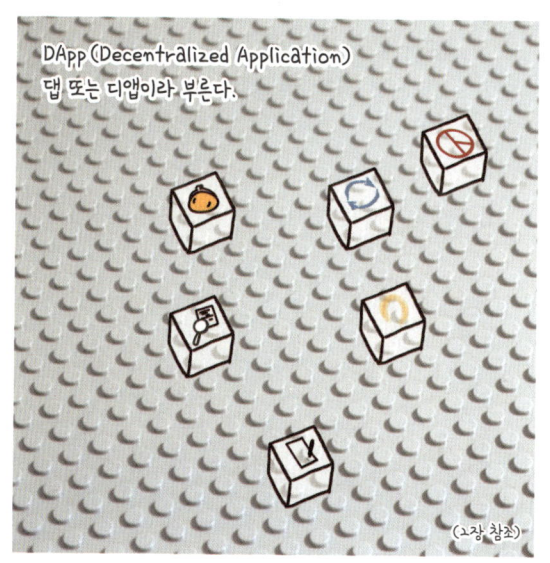

DApp (Decentralized Application)
댑 또는 디앱이라 부른다.

(2장 참조)

플랫폼 네트워크에 맞추어
개발하게 되는데,

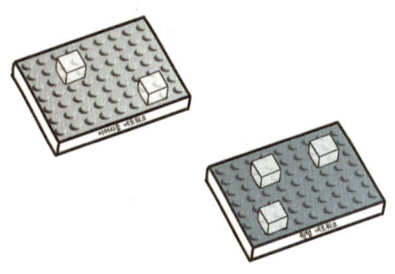

이 안에서 통용되는 화폐를
일반적으로 '토큰'이라 부르며,
앱 내부 결제 등으로 활용된다.

이더리움 토큰들

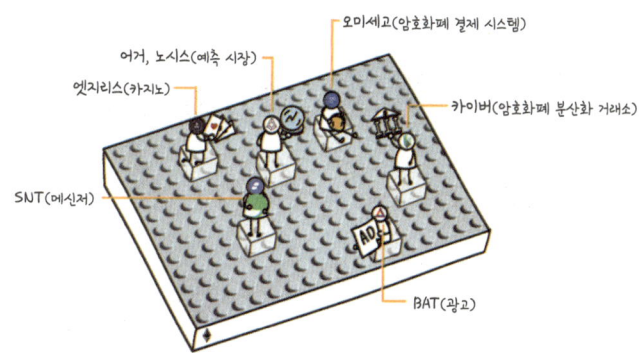

퀀텀 토큰들

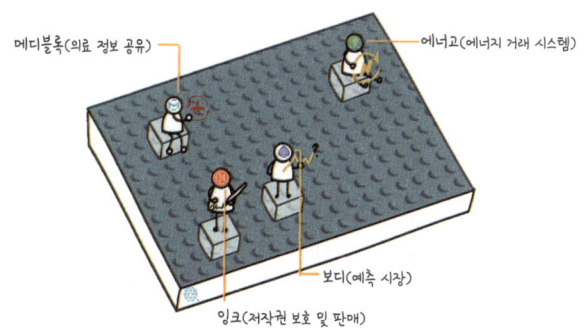

블록체인을 기반으로 한 수많은 기술이
활발하게 개발되고 있다.

우리가 일상생활에서 분산화된 앱을
사용하게 될 날도 머지않아 보인다.

이미 작동하고 있는
블록체인 기반 SNS, 스팀잇도 있다.

"조금 있다가
만나요 ~!"

익명성 코인

대시, 모네로, 제트캐시 외에도 피빅스(PIVX) 등 익명성을 강조하는 코인들이 늘어나고 있고, 이 중 하나인 버지(Verge)는 강점을 살려 세계 최대 포르노 사이트 폰허브(Pornhub)에서 결제를 지원하는 제휴를 발표하며 다양한 반응을 이끌어냈다. 이들이 얼마나 완전한 익명성을 보장하는지에 대해서는 여전히 많은 이야기가 오가고 있지만, 개인정보 보호를 중시하는 투자자들이 많아지면서 익명성 코인에 대한 관심과 수요 역시 증가하고 있다.

ICO

· 2017년에 이어 2018년에도 ICO의 열기는 날로 뜨거워지고 있다. 단 2017년에는 초창기라 묻지마 투자가 성행했던 것과 달리, 2018년에 들어서는 투자자들이 성숙해지면서 백서에 언급된 기술이나 비전, 팀의 구성과 자문위원단의 능력 등의 다양한 요소를 꼼꼼히 살피는 등 더 현명하게 투자에 임하고 있다.

· 중국과 한국은 2017년에 ICO를 금지했으며, 구글, 페이스북, 트위터 등의 플랫폼 역시 2018년 초에 ICO 및 암호화폐 관련 광고 금지 조치를 내렸다(단, 페이스북은 6월에 사전허가를 받으면 암호화폐 관련 제품에 대한 광고를 허락하는 것으로 정책을 어느 정도 완화했다). 이에 대한 의견은 분분한데, 사기로부터 투자자를 보호하는 차원에서 환영한다는 의견이 있는가 하면, 일부 악의적인 사례들 때문에 새로운 성장동력인 ICO 전체를 막는 건 시대착오적인 발상이라는 반발도 있다. 한국 기업들의 경우 규제를 피하기 위해 싱가포르 등 외국에 법인을 두고 ICO를 진행하는데, 이는 우수인재 국외유출이라는 결과로 이어지면서 논란에 불을 지피고 있다.

에어드랍

ICO를 진행하는 암호화폐들이 주로 사용하는 홍보 방법이다. 말 그대로 투자자들에게 무료로 토큰을 나눠주는 행위로, 소셜미디어에 자사 ICO를 홍보해주거나 특정 코인을 보유하고 있으면 토큰을 보내주는 등 형태도 다양하다. 예를 들어, 오미세고(OmiseGO)의 경우 2017년 9월에 이더리움 보유자들에게 소량의 오미세고 토큰을 에어드랍해주었다.

12장

채굴은 어떻게 하나?

가장 원시적으로
비트코인을 얻는 방법은 채굴이다.

비트코인을 채굴하기 위해서는
암호를 풀어야 하는데,

"빈칸에 들어갈 숫자와
문자를 맞히시오!"

처음에는 노트북으로도 채굴이 가능했지만,

갈수록 난도가 높아져 지금은
PC 한 대로는 몇십 년을 돌려도 받기 어렵다.

 그래서 사람들은
힘을 모아 같이 채굴하고

채굴되는 코인을
나누어 갖는다.

"이것이 채굴 풀
(mining pool)!"

비트코인을 보면,
BTC.com 채굴 풀이 23% 해시율을 차지하고,
AntPool이 21%, ViaBTC가 12%, BTC.TOP가 12%,
SlushPool이 11%를 차지한다.

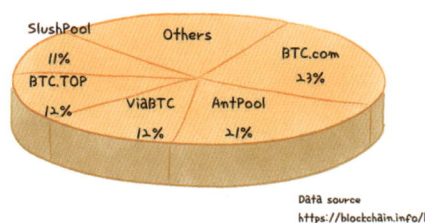

Data source
https://blockchain.info/ko/pools

채굴되는 비트코인은
거의 이 비율대로 배분되는데,

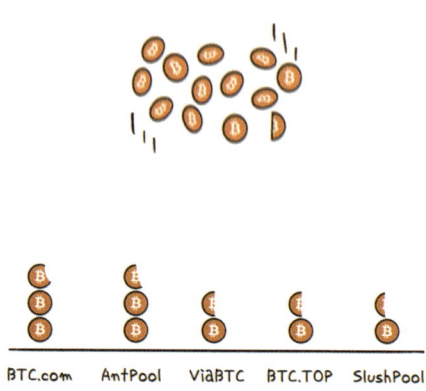

2020년 7월이면 세 번째 반감기가 찾아와,
보상이 12.5개에서 6.25개로 줄어든다.

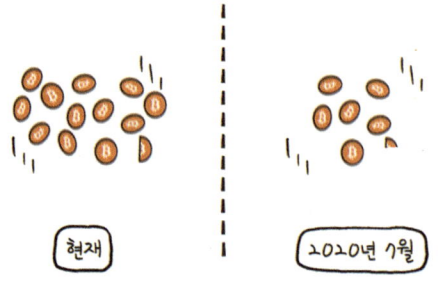

비트코인 채굴은 CPU(중앙 처리장치)를
이용하던 방식에서 GPU(그래픽 처리장치),
ASIC 장비로 전환되었다.

2017년 암호화폐가 인기를 끌며
그래픽 카드가 동이 나는 일이 벌어졌고,

"그래픽 카드 회사
주식을 살걸."

그래픽 카드 회사들은 채굴에 특화된
그래픽 카드를 출시할 거라 발표하기도 했다.

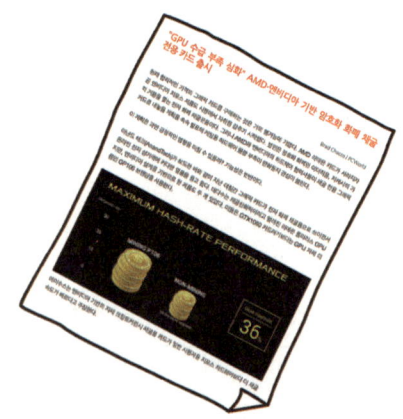

그런데 채굴자들에게
왜 보상이 주어지는 걸까?

그들이 장비를 구입하고 돌리고
전기요금까지 내면서
노드를 유지하기 때문이다.

그들이 없으면 장부도 없다.
비트코인은 채굴자들이 블록체인을
유지시켜주는 데 대한 보상이다.

채굴자는 코인 생태계에서
가장 먼저 만들어진 핵심 축인 것이다.

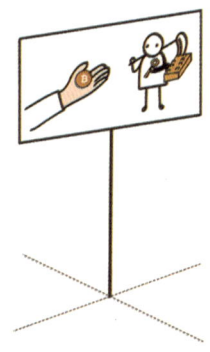

PoW 방식의 채굴 코인은
비트코인 말고도 여럿 있기 때문에
채굴자들은 선택해 채굴할 수 있다.

채굴로 생산되는 코인의 양은 일정하기 때문에,
채굴하는 사람이 많아지면
한 사람당 돌아가는 코인의 양은 줄어든다.

해시 상승,
난도 상승

반면 채굴하는 사람이 적어지면
한 사람당 돌아가는 코인의 양은 늘어난다.

해시 하락,
난도 하락

그러나 채산성은 채굴량만으로 결정되는 것이 아니라
채굴하는 코인의 가격도 영향을 미치기 때문에,
채굴량이 적더라도 코인 가격이 오르면
채산성은 높아질 수 있다.

그래서 코인 생태계를 이해하기 위해서는
채굴자들의 움직임을 유심히 지켜볼 필요가 있다.

채굴

• 비트코인 블록체인이 처음 시작될 때만 해도 어지간한 컴퓨터 CPU로도 채굴이 가능했다. 하지만 점차 채굴의 난도가 올라가면서 흔히 그래픽 카드라 불리는 GPU의 사용이 보편화되었다. 그러다 결국 전문 채굴기(ASIC: application-specific integrated circuit)가 등장했고, 현재는 일반인이 비트코인을 취미로 채굴할 수 있는 시대는 지나갔다고 봐도 과언이 아니다.

• 이더리움의 경우, 2018년 4월 초반에 이더리움 채굴을 위한 ASIC이 발표되었다. 그러나 일부 이더리움 관계자들은 이러한 전문 채굴기가 이더리움에 대한 영향력을 중앙화하는 역효과가 있다고 보기 때문에, 채굴기 도입에 저항하고 있다. 따라서 이더리움은 향후 PoS로 전환하면서 난이도 시한폭탄(difficulty time bomb)이라는 방식을 도입해 채굴의 수익을 낮추고 채굴 자체를 점차 막아버리는 형태로 전환할 예정이다.

• 모네로도 채굴기 도입에 극렬히 반대하고 있다. 모네로 채굴용 ASIC이 개발되었다는 발표가 나오자, 모네로 개발팀은 즉시 채굴 알고리즘을 바꿔 해당 ASIC을 무용지물로 만들겠다고 선언했고, 실제로 2018년 4월 초에 이를 실천했다. 이 과정에서 채굴기 도입에 찬성하는 사람들은 모네로에서 하드포크를 통해 분리해 나와 모네로 오리지널, 모네로 클래식 등을 만들었다.

• 일부 암호화폐 관계자들이 전문 채굴기 도입에 반대하는 것은 블록체인의 기본 이념인 탈중앙화를 위협한다고 여기기 때문이다. 중앙집권화를 막고 모두에게 권력이 분산되게 하고자 탄생한 게 블록체인인데, 전문 채굴 장비로 무장한 거대 자본이 등장하면 새로운 중앙집권이 이루어질 수도 있기 때문이다. 또한, 현재 채굴기 제조는 비트메인(Bitmain)이라는 회사가 거의 독점하고 있으므로, 채굴기의 도입은 결국 비트메인에 막대한 권한을 주는 것이라고 보면서 반대하는 사람들도 있다.

4부

암호화폐, 어디에 어떻게 쓸까

13장
암호화폐 대표선수 소개 1
지불 코인

비트코인이 세상에 등장한 지
9년의 시간이 지났다.

그 사이 천 개가 넘는 암호화폐가 탄생했고,
앞으로 더 많은 암호화폐가
태어날 걸로 보인다.

"비트코인은 매번 빠지지 않았으니
이제 다른 코인도 알아보아요."

라이트코인
구글, 코인베이스 출신
찰리 리(Charlie Lee)라는
인물이 만들었다.

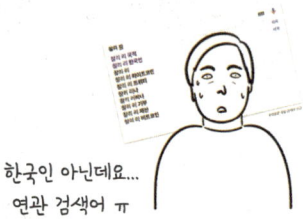

한국인 아닌데요...
연관 검색어 ㄲ

2011년 10월 깃허브의
오픈 소스 클라이언트를 통해 시작했다.

Github
공개적으로 프로그램의 소스 코드를
저장하고 관리할 수 있는
사이트로서, 세계 최대의 개발자
커뮤니티 중 하나

비트코인의 최대 발행량이 2,100만 개인 반면,
라이트코인은 4배 많은 8,400만 개이며

2IM   84M

블록 생성 시간은 10분에서 4분의 1인,
2분 30초로 줄였다.

10분

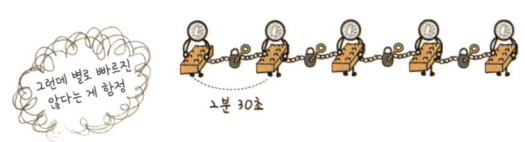

2분 30초

찰리 리는 2017년 12월
자신이 보유하던 라이트코인 전량을
처분했다고 밝혔는데,

지금 보면 아주 적절한 타이밍이었다.

비트코인의 블록 크기는 1MB로
예전에는 크고 광활해 보였지만

언제 다 채우지 ...

10분마다 2,000건이 넘는 거래가
발생하자 한계에 부딪혔다.

하늘에서 장부가
비처럼 내려와

문제 해결을 위한 의견이 갈려

전자서명 분리

세그윗을 통해 1MB 공간을
보다 효율적으로 활용하려는
그룹이 있는 반면,

이에 반대하고 블록 크기를
2~8MB로 키워 문제를
해결하려는 그룹이 있었다.

이들 그룹이 2017년 8월 하드포크를 감행해
비트코인 캐시가 탄생했다.

비트코인 캐시는
비트코인에서
갈려 나왔기 때문에,

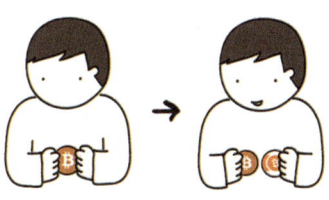

비트코인을 가지고 있던 사람은 비트코인 캐시 역시
똑같은 수량을 가지게 되었다.

리플은 '당나귀'라 알려진
파일 공유 시스템과 마운트 곡스를 만든
제드 맥칼렙이 만들었다.

일반적인 블록체인 네트워크와 달리
한정된 참여자들만으로 합의를 이룬다.

"덕분에 수수료가
저렴하고 빠르죠!"

채굴자 등을 통해 화폐가 추가로 공급되는 다른 암호화폐와 달리,
리플을 개발하고 운영하는 리플 랩스는
전체 수량을 미리 발행한 다음 시장에 유통시킨다.

제드 맥칼렙은 리플과 결별하고
새로 스텔라를 만들었다.

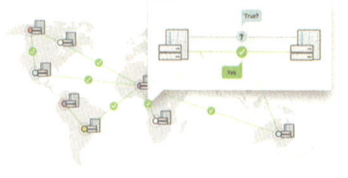

리플의 프로토콜을 개량한
독자적인 합의 프로토콜을
사용하며

SCP (Stellar Consensus Protocol)

스텔라 루멘이라는 자체적인
화폐를 사용한다.

리플처럼 수수료가 싸고 빠르며,
자체적인 화폐 말고도 네트워크상에서
달러나 원화 같은 다양한 자산을 취급할 수도 있다.

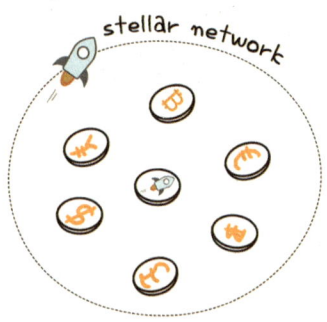

기존 금융기관과 협업하고 있는
리플과 달리,

스텔라는 개발도상국과
금융 소외 계층을
주요 고객으로 한다.

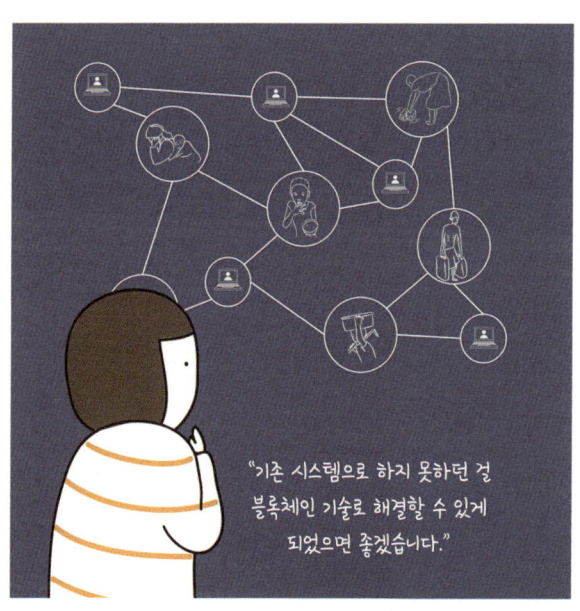

"기존 시스템으로 하지 못하던 걸
블록체인 기술로 해결할 수 있게
되었으면 좋겠습니다."

세그윗 (SegWit: Segregated Witness)
신용카드나 수표를 사용할 때 서명을 하듯 비트코인도 사용할 때 서명이 들어간다. 그런데 비트코인은 이러한 서명이 거래 전체 용량의 상당 부분(50% 이상)을 차지하기 때문에, 이 서명 부분을 별도로 처리하면 용량 부족을 어느 정도 해결할 수 있다. 그래서 블록 크기를 늘리지 않고도 비트코인 네트워크의 속도를 증가시킬 수 있는 방법으로 제안된 것이 세그윗이다. 비트코인 커뮤니티는 세그윗을 비롯해 블록체인의 블록 크기를 그대로 유지하며 외부적인 방법으로 블록체인의 확장성을 확보하려는 그룹과, 블록 크기를 증가시켜 블록체인 자체의 규격 변경을 통해 확장성을 확보하려는 그룹으로 나뉘었다. 결국 하드포크를 통해 전자는 비트코인, 후자는 비트코인 캐시로 갈라졌다.

사전 채굴 (pre-mine)
리플처럼 미리 채굴하는 방식을 사전 채굴이라 하며, 리플 외에도 많은 암호화폐들이 이러한 방식을 사용하고 있다. 사전 채굴을 할 경우 개발팀이 일정량의 암호화폐를 보유하는 경우가 많은데, 이 때문에 사전 채굴 후 분배 방식은 탈중앙화되어 있지 않다는 지적이 나오기도 한다.

스텔라 합의 프로토콜 (SCP: Stellar Consensus Protocol)
· 스텔라 네트워크상의 각 노드는 스스로 어떤 노드를 신뢰할지를 정할 수 있으며, 이를 쿼럼 슬라이스(quorum slice)라고 한다. 여러 개의 쿼럼 슬라이스는 중첩될 수 있는데, 이러한 신뢰의 중첩이 네트워크 전체의 합의를 도출해내는 것이다.

- 각 노드가 스스로 신뢰할 상대를 고를 수 있다는 점에서 리플의 프로토콜보다 더 분산화되어 있다는 평가를 받으나, 결국 "신뢰"라는 주관적인 개념을 활용하며 이는 일종의 명성처럼 작동하기 때문에 보편적으로 신뢰되는 개체가 생길 수밖에 없다. 따라서 완벽한 탈중앙화 프로토콜이 아니라는 지적 역시 존재한다.

14장
암호화폐 대표선수 소개 2
플랫폼 코인

블록체인 기반 운영 체제를
목표로 하는 이더리움

여기에 도전장을 낸
블록체인 기술들이 있다.

이오스는 비트셰어와 스팀을 개발한
댄 래리머가 개발자로 참여했으며

비트쉐어, 스팀과 같은
DPoS 시스템이다.

21명의 블록 생성자
(BP, Block Producer)를
투표를 통해 선정하고

이들이 블록을
만들어낸다.

빠른 처리 속도로 많은 연산을
처리할 수 있는 게 장점이다.

1년간 ICO를 진행한 후
2018년 6월 메인넷을 론칭했다.

이오스의 영문 'EOS'를
한글 자판으로 치면 '댄'

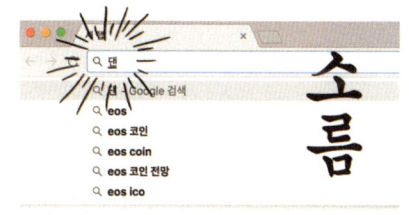

퀀텀과 네오는
중국의 이더리움이라 많이 불린다.

퀀텀 또는 큐텀(QTUM)*은
비트코인과 이더리움의 기술적 장점을 결합하여

(*공식적으로는 퀀텀 재단에서
'퀀텀'으로 기재하기로 규정)

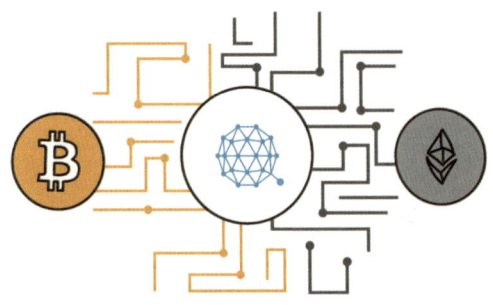

비트코인의 가치 전달 기능과
이더리움의 스마트 컨트랙트 기능을 더한

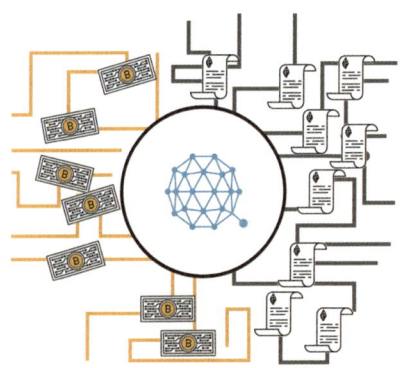

가치 전송 프로토콜이다.

금융, 사물인터넷, 소셜미디어, 게임 등
다양한 분야의 활용을 목표로 한다.

2017년 3월 ICO를 거쳐

2017년 9월
메인넷을 론칭했다.

네오는 2014년 6월
앤트쉐어라는 이름으로 설립해

리브랜딩하며 이름을
네오(NEO)로 바꾸었다.

이더리움의 스마트 컨트랙트와 유사한
네오 컨트랙트를 구현하였다.

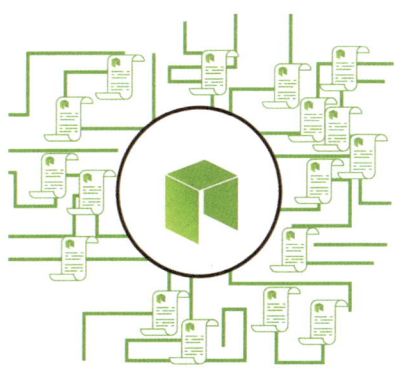

퀀텀과 네오는 PoS 시스템이며,
노드에 참여하면 코인 보유량에 비례하여
코인을 분배받을 수 있다.

엘프(aelf)는 사이드 체인을 활용하여 메인 체인 이외에
여러 사이드 체인을 두어 효율을 높이는 것을 계획한다.

여러 작업을 각 사이드 체인에 분산하기 때문에

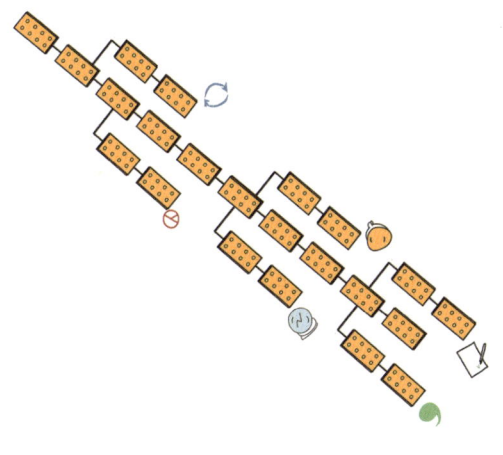

크립토키티와 같은 하나의 앱이 블록체인 네트워크를
먹통으로 만들어버리는 사례를 막을 수 있다.

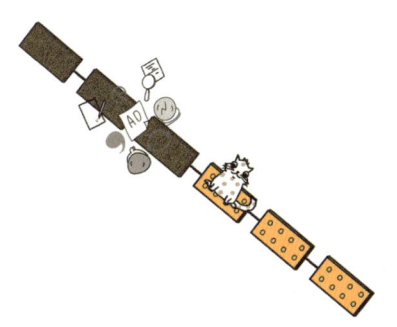

"어떤 기술이 제1의 블록체인 플랫폼 자리를 차지하게 될지 궁금해집니다."

이오스(EOS)

• 이오스의 ICO는 1년이라는 긴 기간 동안 진행되었다는 점에서 상당히 독특했는데, 이에 대해 의견이 분분하다. 일부는 제품 없이 자원을 더 모으고 시간을 끄는 수단이라고 비판한 반면, 일부는 인기 많은 암호화폐의 ICO가 순식간에 종료되어 일반 유저가 참여할 수 없는 상황이 몇 번 있었던 것을 상기시키며 더 폭넓은 참여를 독려하는 방법이라고 반박했다.

• 이오스의 DPoS 시스템을 비판하는 사람들은 시스템이 탈중앙화된 것도 아니면서 중앙화된 기존 시스템(예: 아마존 웹 서비스)보다 처리 가능한 연산의 양이 높지도 않아 어중간한 프로젝트라는 비판을 내세운다. 6월 메인네트 런칭 후에 블록 생성자들 간의 잡음이 발생하면서 시작이 순탄치 않았는데, 이것이 시행착오로 끝날지 아니면 이오스라는 사업 자체의 지속적인 걸림돌이 될지는 지켜봐야 할 것이다.

퀀텀

모바일 시장 확산에 많은 무게를 두고 있고, Go-Mobile이라는 전략하에 손쉽게 모바일 기기로 퀀텀 네트워크를 사용할 수 있게 하는 프로젝트를 추진 중이다.

네오

• 네오는 위임형 비잔티움 장애 허용(Delegated Byzantine Fault Tolerance)이라는 합의 프로토콜을 사용한다.

• 네오는 프로그래밍 언어로는 슬리디티만을 지원하는 이더리움의 스마트 컨트랙

트와 달리 다양한 프로그래밍 언어로 스마트 컨트랙트를 작성할 수 있는데, 이를 네오 컨트랙트라고 한다.

엘프

- 엘프의 주 특징은 사이드 체인이다. 메인 체인에서 사이드 체인이 파생되고, 다시 사이드 체인에서 또 다른 사이드 체인이 파생되는 나뭇가지 같은 구조를 가지고 있다.

- 사이드 체인은 모체가 되는 메인 블록체인과 그로부터 파생된 사이드 체인 간의 자산 전송이 가능하도록 설계된다.

- 엘프의 메인 체인은 사이드 체인 간의 소통이 필요할 때, 또는 엘프 블록체인이 타 블록체인(예: 비트코인 블록체인, 이더리움 블록체인 등)과 상호작용할 필요가 있을 때 활용된다.

15장
암호화폐 대표선수 소개 3
익명 코인

블록체인의 지갑은 너무나 투명해

지갑 주소만 알면
모든 내역을 볼 수 있어 부담스럽다.

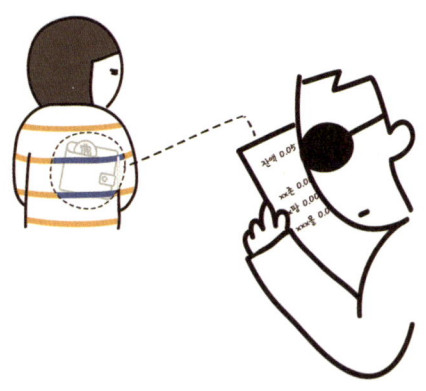

지갑의 투명성을 제거하고
익명 거래가 가능하도록 하는
대표 코인이 3가지 있다.

2014년 1월 가장 먼저 발행된 대시는
PoW와 PoSe라는 독자적인 방식을 혼용한다.

Proof of Service
(PoSe)

"서비스 증명,
마스터 노드와 관련있어요."

신규 발행 코인은
채굴자에게만 분배되는 게 아니라

마스터 노드에게도
분배된다.

마스터 노드는 대시 1천개 이상을
보유하고 노드를 구성하는데,

이들은 여러 건의
거래를 모아

뒤섞은 다음 전송하여
지갑 내역 확인을 어렵게 한다.

모네로는 링 시그니처(ring signature)와
스텔스 주소(stealth address),
링CT(ring confidential transaction)
기술을 개발하여 익명성을 강화했다.

링 시그니처는 보내는 사람 외에도 다른 여러 명이
함께 서명해 누가 보냈는지 알 수 없게 한다.

스텔스 주소는 일회용 주소를 사용해, 거래당사자가 아니면
받는 사람이 누구인지를 알 수 없게 한다.

링CT로는 전송 금액까지 감출 수 있어
높은 수준의 익명성 기술로 평가받는다.

제트캐시는 비트코인 프로토콜을 포크한
여러 코인 가운데 하나로 영지식 증명 기술
중 하나인 zk-SNARKs*를 활용한다.

*zk-SNARKs(Zero-Knowledge Succinct
Non-Interactive Argument of Knowledge)

영지식 증명이란 상대방에게 문제의 답을
알려주지 않으면서 내가 정답을 알고 있다는
사실을 증명하는 방법이다.

내 키를 노출하지 않으면서
내가 키를 알고 있다는 사실을 보여주는 것이다.

익명성 코인은
프라이버시 보호라는 장점도 있지만

음성적인 거래에 악용될 소지도
분명히 존재한다.

특히 돈세탁과 관련한
우려가 큰 편인데,

최근에 해킹으로 인해 큰 피해를 입은
해외 한 거래소는 이러한 염려 때문에
대시, 모네로, 제트캐시의 거래를 중단했다.

그러나 이러한 우려만으로 익명 코인의 장점이
완전히 가려져서는 안 될 것이다.

기업은 익명 코인을 이용해
고객의 신원을 보호할 수 있고,

개인의 민감한 정보 노출을
막는 등 다양한 방면으로
유익하게 쓸 수 있다.

"앞으로 좋은 방향으로
잘 이용되기를 기대할게요."

비트코인의 익명성

비트코인의 익명성은 거래 내역의 익명성이 아니라, 비트코인 주소와 실제 사용자를 연결하는 것이 어렵다는 점을 말한다. 인터넷에서 아이디를 사용할 때, 계정 정보가 유출되거나 스스로 '내가 누구다'라고 밝히지 않으면 해당 아이디와 특정 인물을 연결하기 어려운 것과 비슷하다.

대시

· Proof of Service(PoSe, 서비스 증명): 대시가 사용하는 합의 프로토콜로, 마스터 노드(masternode) 개념과 연결되어 있다. 대시의 마스터 노드가 되려면 1,000 대시 이상을 보유하고 이를 유지하면서 네트워크 유지에 필요한 역할을 수행해야 한다(정확한 역할은 코인마다 다르다). 대시의 경우, 마스터 노드가 받는 토큰은 채굴을 통해 받는 토큰과 동일한 양이며(채굴자 45%, 마스터 노드 45%), 마스터 노드는 채굴 노드가 될 수 없다.

· 대시의 마스터 노드는 대시의 거래 확인을 빠르게 해주는 InstantSend, 익명 거래를 가능하게 하는 PrivateSend에 중요한 역할을 하며, 마스터 노드 운영자들은 대시 블록체인의 기술적 방향에 대해 의견을 제시할 수 있다.

· 대시 마스터 노드가 요구하는 1,000 대시는 상당히 큰 금액이기 때문에(2018년 7월 중순 기준 약 3억원), 소량의 대시(25 대시 이상)를 마스터 노드에 보내 해당 노드의 지분을 구매하는 것도 가능하다. 그러면 그 비율에 따라 마스터 노드가 받는 보상의 일부를 받는다.

· 대시 외에도 마스터 노드의 개념을 사용하는 암호화폐는 여러 개 있다. 대표적인 예가 대시로부터 하드포크를 통해 분리된 피빅스(PIVX)이다.

링 시그니처(ring signature)
암호화폐를 보내는 지갑의 열쇠(account key)를 블록체인상에 존재하는 공공 열쇠 중에서 무작위로 선별한 다른 열쇠들과 함께 서명하도록 하여, 누가 거래의 주체인지를 모르게 하는 기술이다. 사발통문을 생각하면 이해하기 쉬울 수 있다.

영지식 증명(zero-knowledge proof)
· 어떤 문제에 대한 답 자체를 밝히는 것이 아니라, 자신이 답을 알고 있다는 것을 다른 행동을 통해 증명하는 방법이다.

· 예를 들어, A와 B가 있는데 B는 적록색맹이다. B에게 색상을 제외하고 모든 것이 동일한 공 두 개(녹색 1개, 적색 1개)를 쥐여주고, A가 B 앞에 선다. 그 다음 B는 두 공을 등 뒤로 모은 뒤, 무작위로 공 하나를 A에게 보여준다. 그 후 다시 B는 두 공을 등 뒤로 모은 뒤, 또 한 번 무작위로 공 하나를 A에게 보여주면서 "이 공이 아까 보여줬던 공과 다른가?"라고 묻는다.

· A가 색맹이 아니라면 당연히 이를 보고 다르다는 것을 구분할 수 있고, 몇 번을 반복해도 마찬가지이다. 그러나 B는 끝까지 어느 공이 적색이고 어느 공이 녹색인지, 이 지식을 얻지 못한다. 이 마지막 부분이 바로 '영지식증명'의 '영지식'이다. 블록체인을 사용한 송금에 이를 적용할 경우, 돈을 보내는 주체, 돈을 받는 주체, 그리고 송금되는 금액을 공개하지 않으면서도 송금하는 것이 가능해진다.

일본과 익명성 화폐
일본은 해당 사건 이후 일본에서 운영하는 모든 거래소에서 모네로, 대시, 제트캐시 등 익명성을 강조한 암호화폐를 상장폐지하는 방안을 추진하기 시작했다.

16장
암호화폐 대표선수 소개 4
확장성 솔루션

2017년 크립토키티라는 게임이
이더리움 네트워크에 장애를 일으킨 적이 있다.

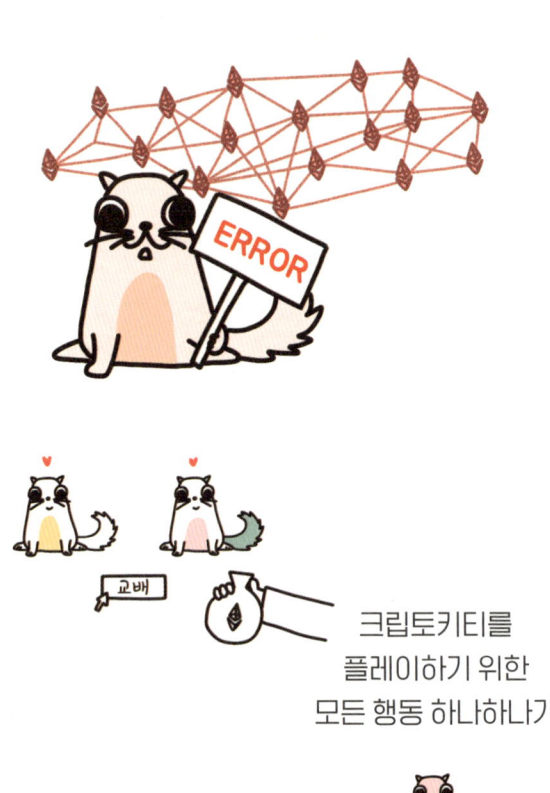

크립토키티를
플레이하기 위한
모든 행동 하나하나가

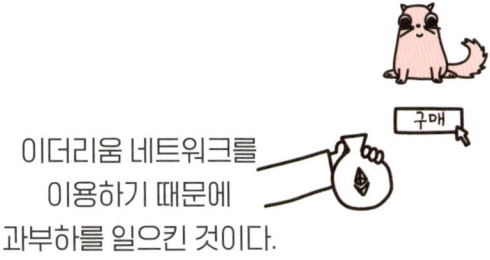

이더리움 네트워크를
이용하기 때문에
과부하를 일으킨 것이다.

룸 네트워크는 이더리움 확장 솔루션으로,
보다 쉽게 말하자면 이더리움 위의 EOS를 표방한다.

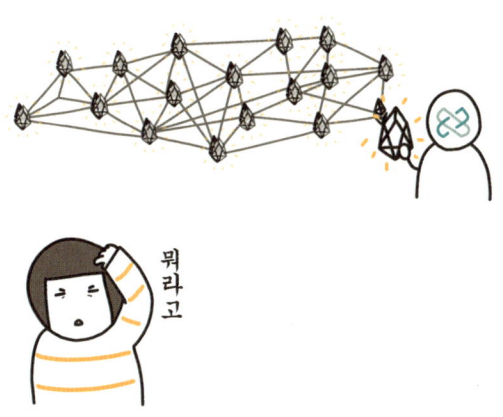

Loom SDK*를 통해, 블록체인을 알지 못해도
블록체인을 만들 수 있다.

* SDK: Software Development Kit

그리고 이더리움 네트워크에 연결되는
자신만의 사이드 체인을 가질 수 있다.

즉, 이더리움으로 블록체인 보안을 보증하면서
자신만의 DApp을 사이드체인에서
운영할 수 있는 것이다.

특이하게 룸 네트워크는 백서가 없다.

"말은 쉽다. 우리는 제품으로 보여주겠다."
라는 게 그들의 모토.

비탈릭 부테린이 3월 31일,
성능이 빠른 dApp을 만들기 위한 모델로
"'룸 네트워크'와 같은 시스템이 적합할 것"이라고
언급해 주목을 받았다.

Loom SDK의 공개 베타 버전이 2018년 6월에 공개되었고,
매주 업데이트될 계획이라니 기대해보자.

질리카(Zilliqa)는 이더리움과 이오스 같은 플랫폼을 지향한다.

질리카 (3분기 데뷔/ 연습생)
"이더리움이나 이오스 형 같이 되고 싶어요."

네트워크 샤딩(network sharding)이라는 기술을 사용해
동시 처리 가능한 트랜잭션 수를 높인다.

네트워크 샤딩은 적정한 규모로 노드를 묶어
'샤드(파편)'를 만든 다음
샤드 내에서 합의를 이루는 기술이다.

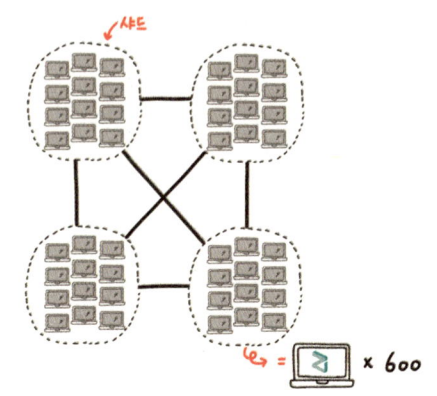

전체 네트워크가 동일한 문제에 대해
작업하는 대신

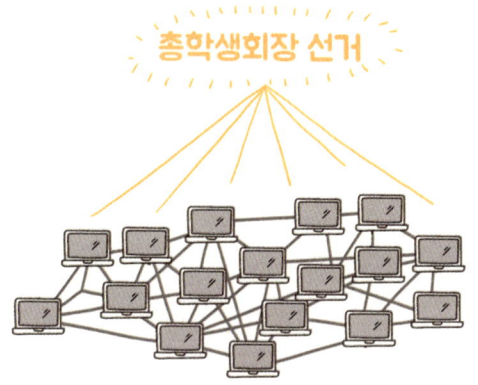

여러 문제를 작은 노드 그룹(샤드)들이 다루어
빠르게 처리하는 것이다.

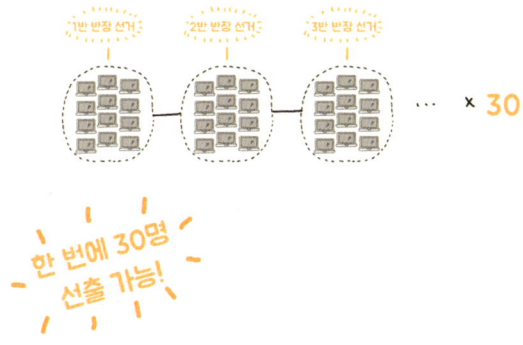

네트워크 규모가 커져 노드가 증가할수록
샤드 수가 증가하여
트랜잭션 처리 속도가 더욱 빨라지게 된다.

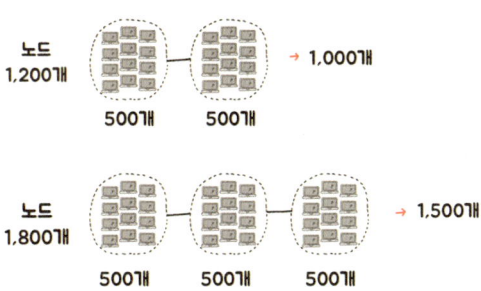

현재 비트코인은 초당 3~7개 정도,
이더리움은 초당 15~20개 정도 처리가 가능한데,
질리카는 초당 수천 개의 트랜잭션을
처리하는 것을 목표로 한다.

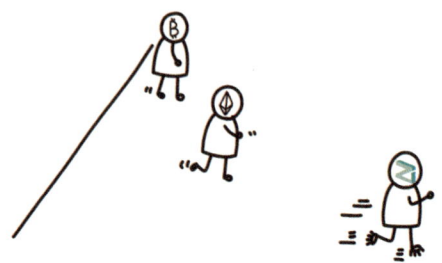

이 정도 처리량이 되면
비자나 마스터카드와 같은 기존 지불 수단과
경쟁이 가능한 수준이 된다.

비자의 경우, 초당 4천 개
정도의 거래를 처리하지만
실제 처리 가능한 양은 훨씬 많다.

질리카는 'Scilla'라는 스마트계약 언어를 개발 중인데
이 언어를 통해 스마트계약을 작성하면
해당 계약의 안전성을 자동으로 검증할 수 있게 된다.

실제 성공적인 기술 구현을 위해서는
해결해야 할 일이 많이 남아 있다.

블록체인 확장성 문제에 도전하는 룸 네크워크와 질리카가 어떻게 문제를 해결해나갈지 지켜보자.

룸 네트워크

· 룸 네트워크는 크립토좀비(CryptoZombies)라는 이더리움 기반 게임 겸 학습프로그램을 운영하고 있다. 이더리움의 프로그래밍 언어인 솔리디티를 기초부터 가르치는 동시에 자신의 캐릭터/세력을 키우는 게임의 요소를 섞은 프로그램으로, 직접 수행하는 것을 통해 사람들에게 지식을 전수하는 방법을 택하고 있다. 룸 네트워크에 의하면 크립토좀비를 통해 약 20만 명의 개발자들이 솔리디티에 대해 학습했다고 한다.

· 룸 네트워크는 또한 블록체인 기반 댑이 현재까지 직관적이지 못한 UI를 갖고 있으며, 이것이 대중들이 댑을 사용하는 데 있어 큰 장애물로 작용한다고 주장한다. 따라서 유저들이 더 쉽게 사용할 수 있는 댑을 만들 수 있게 하는 데 중점을 두고 있다.

질리카

· 질리카의 독창적인 부분은 샤딩인데, 샤딩을 블록체인에 도입하려는 시도는 질리카 외에도 진행되고 있다. 대표적으로 이더리움이 샤딩의 개념을 도입하기 위한 준비를 하고 있다. 다만 비탈릭 부테린을 비롯한 이더리움 개발 팀은 이더리움이 지분 증명으로 이전하기 전에는 샤딩을 도입하기 어렵다고 보고 있어서, 이더리움에게 샤딩은 아직 미래의 이야기다.

· 스킬라는 이더리움의 프로그래밍 언어인 솔리디티와 달리 '튜링불완전' 언어다. 따라서 활용 가능한 기능이 상대적으로 제한되어 있으나, 역으로 덜 복잡하기 때문에 사용하기가 상대적으로 편하고 보안에 있어서 신경써야 하는 부분이 적다는 장점이 있다.

17장

암호화폐 대표선수 소개 5
유틸리티 토큰

"암호화폐 소개 마지막 편이니
짧게 여러 암호화폐를 다룰게요."

신디케이터는 집단 지성을 이용한
예측 프로그램이다.

특정 종목의 미래 가격 및 추이를 묻는 질문이 주어지면
사람들은 자신의 예상을 답하고,
예측이 맞으면 보상을 받을 수 있다.

신디케이터 토큰을 보유하고 있으면
집단 지성으로 얻은 분석 결과를 열람할 수 있다.

스테이터스 네트워크 토큰(SNT), 소위 슨트는
이더리움 네트워크를 기반으로 하는
브라우저 겸 메신저 클라이언트로,

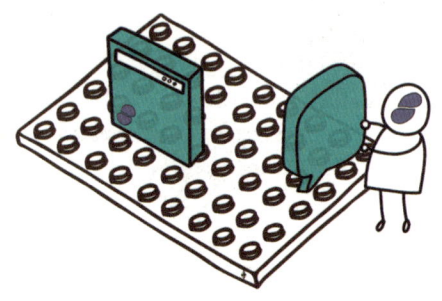

탈중앙화된 웹에서 손쉽게 검색이나
메시지 전송, 결제 기능을 사용할 수 있게 한다.

중앙 서버를 거치지 않고
분산화된 네트워크를 이용하기 때문에
해킹에 안전하고 보안을 유지할 수 있다.

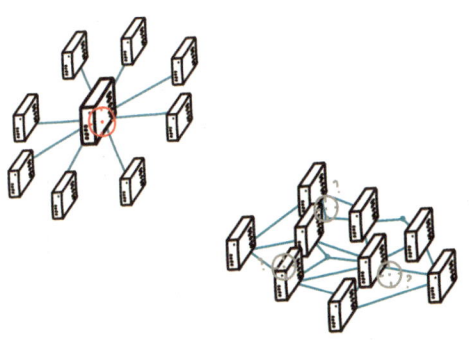

블록체인을 기반으로 한 최초의 스마트폰 '핀니'에
스테이터스 클라이언트가 탑재되어 활용될 예정이다.

시빅(Civic)은 블록체인을 활용한
신원 확인 플랫폼이다.

블록체인에 개인정보를 입력하고
신원 인증이 필요할 때
시빅을 통해 개인정보를 제공할 수 있다.

"우리나라로 치면 공인인증서를 대체할 수 있는 서비스를 제공하는 것!"

유저들이 제공한 개인정보는 별도로 암호화되어 시빅 측에서 마음대로 열람하지 못하게 되어 있다.

이니그마(Enigma)는 블록체인의 확장성과 블록체인상의 정보 보안을 위해 개발된 2단계(layer 2) 솔루션이다.

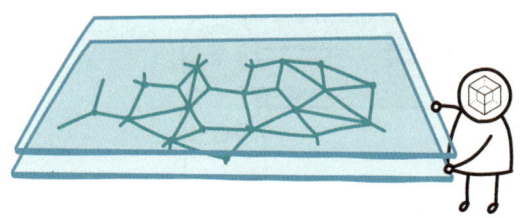

현재 이니그마 프로토콜을 이용해 Catalyst라는 암호화폐 투자 어플리케이션을 제공하고 있으며,

앞으로 다른 서비스들도 제공할 계획이다.
(개인정보 데이터, 의료/유전자 데이터, 신용도, 사물인터넷 등)

최근 고팍스에 상장한 모스랜드는
가상의 부동산 자산을 거래할 수 있는
증강현실(AR) 게임이다.

포켓몬고에서 증강현실을 이용해
지역 랜드마크인 체육관을 점령하듯,
암호화폐로 랜드마크 건물을 구입해 소유할 수 있다.

익룡이나 킹콩 같은 다양한 액세서리를 구입해
건물에 재미있게 배치할 수 있으며,

광고주에게 광고 의뢰가 들어오면
건물에 광고를 걸어 수익을 얻을 수도 있다.

오늘은 짧게 여러 암호화폐를 설명했는데,
정말 다양하죠?

"블록체인 기술과 암호화폐가 얼마나 다양한 영역으로 들어가게 될지 지켜보면 재미있을 것 같습니다."

신디케이터

- 신디케이터는 군중의 지혜(wisdom of the crowd)라는 개념을 활용한다. 군중의 지혜란, 충분한 수의 사람으로부터 특정 항목(수량 예측, 일반 상식 등)에 대한 답변을 받으면 개개인으로부터 받는 답보다 더 높은 정확도를 자랑하는 현상이다. 신디케이터는 특정 주제에 대해 이 군중의 지혜와 인공 지능을 혼합해 혼종 지능(hybrid intelligence)이라는 개념을 표방한다.

- 신디케이터에 참여하는 것, 즉 예측을 하는 것은 신디케이터 토큰이 없이도 가능하다.

시빅

- 블록체인은 투명한 공개를 원칙으로 하고 있는데, 개인 정보를 블록체인에 저장한다는 것에 대해 의구심을 표할 수 있을 것이다. 시빅은 정확히는 유저의 개인 정보 자체를 블록체인 상에 저장하는 것이 아니라, 유저의 개인 정보가 인증되었다는 공증(attestation)을 블록체인 상에 저장한다. 즉, 본인이 제공한 개인 정보는 본인의 단말기 안에만 남아 있는 것이다.

- 시빅은 이 기술의 활용의 한 예로 컨센서스 2018 컨퍼런스에서 이벤트를 개최했다. 시빅 앱을 통해 자신의 신상을 공증한 바가 있으면 앱에서 생성되는 QR코드를 자판기에 대서 맥주 캔을 받을 수 있게 한 행사로, #cryptobeer라는 해쉬태그를 사용했다.

5부

블록체인은 어떻게 세상을 바꿀까

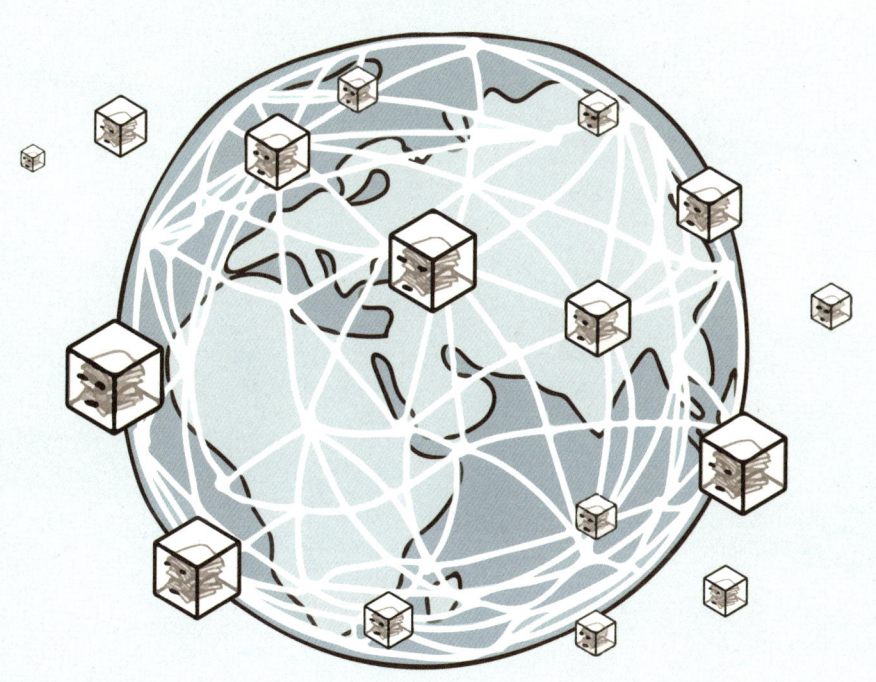

18장
스팀 & 스팀달러

스팀과 스팀달러는 스팀잇이라는
SNS 플랫폼에서 사용되는 암호화폐로
2016년 3월과 4월에 출시되었다.

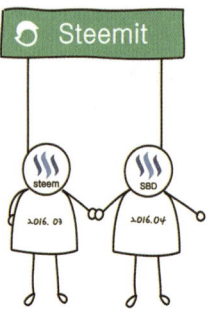

가입자는 2018년 7월 기준 108만 명 수준으로
빠르게 늘어나고 있다.

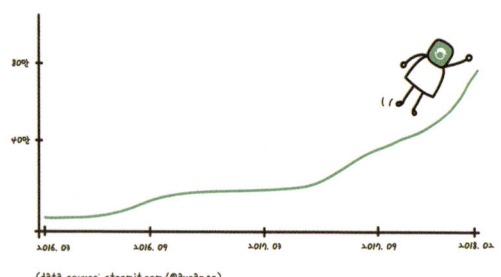

스팀은 비트코인처럼 채굴자들이 노드를 유지하며 블록을 생성하고 보상을 받는 방식이 아니라

PoW 합의 방식

투표를 통해 선정된 21명의 증인이 노드를 유지하고 블록을 생성한다.

DPoS 합의 방식

증인

"누구나 증인을 선출하는 투표에 참여할 수 있어요."

삽질 수에 비례

채굴은 해시 파워력에
비례하는 반면

DPoS는
자본 민주주의 방식이다.

지분에 비례

스팀 블록체인은 독특하게
3가지 화폐를 제공한다.

스팀

스팀파워

스팀달러

스팀 블록체인의
기본 거래 단위는
스팀이다.

유동성 화폐이며,
거래소에서 사거나
팔 수 있고,

다른 사용자에게
보낼 수 있다.

스팀파워는
장기 투자를 위한 용도로

스팀파워가 많을수록
스팀잇 내의
영향력이 올라간다.

증인을 선출하고

스팀잇 콘텐츠의
보상을 결정한다.

스팀과 스팀파워는 1:1 전환이 가능하며

스팀에서 스팀파워로 전환하는 것을 파워업,
스팀파워에서 스팀으로 전환하는 것을
파워다운이라 한다.

파워업은 즉시 반영되지만,

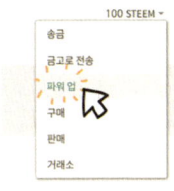

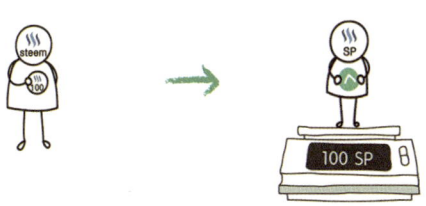

파워다운은 파워다운 신청 시점 1주 후부터
보유한 양의 13분의 1씩, 13주에 걸쳐 지급된다.

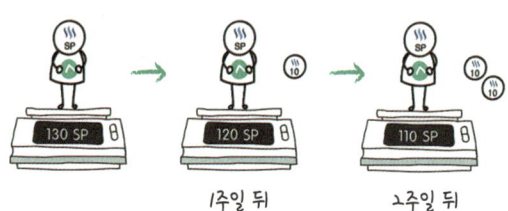

스팀달러는 현금성 화폐로,
보상을 받는 즉시 판매할 수 있다.

스팀 블록체인은
블록체인+미디어 플랫폼으로 성장하기 위해
콘텐츠 생산자와 소비자에게 보상을 지급한다.

스팀잇 플랫폼에 글을 쓰면,

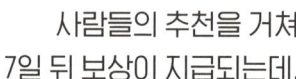

사람들의 추천을 거쳐
7일 뒤 보상이 지급되는데,

스팀달러 절반, 스팀파워 절반으로 받을 수도 있고,
스팀파워로만 받을 수도 있다.

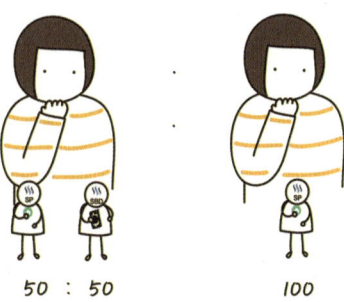

보상의 일부는 추천인들에게 지급된다.

스팀과 스팀달러는
스팀잇 유저 간에는 아이디만 알면
메시지를 보내듯 전송할 수 있다.

스팀과 스팀달러를 거래소로 보낼 때는
거래소 아이디를 넣고 거래소의 지갑 주소를
메모란에 입력해야 한다.

국내 거래소들 가운데 고팍스가
스팀과 스팀달러 입출금을 지원하고 있다.

스팀과 스팀달러를
편리하게 원화로 바꿀 수 있다.

"이제 글 쓰고 소고기 사 먹기
쉬워지겠네요!"

스팀 블록체인과 스팀잇
대화를 하다 보면 혼동하기 쉬운데, 스팀잇은 스팀 블록체인 위에서 운영되는 SNS 플랫폼이다. 스팀 블록체인에는 스팀잇 외에도 유튜브와 유사한 동영상 호스팅 플랫폼 디튜브(DTube), 라이브 방송 플랫폼인 디라이브(DLive) 등이 존재한다.

증인
위임형 지분 증명(Delegated Proof-of-Stake, DPoS) 시스템은 블록체인을 관리하는 역할을 투표로 선출된 소수의 계정들에게 맡기는 형태다. 스팀잇의 경우, 증인 투표 상위득표자 계정 20개와 예비증인 계정 1개가 블록 생산을 전담하게 된다. 모든 스팀잇 유저는 증인에 대해 투표권을 행사할 수 있으며, 증인 선출 권한 역시 타 계정에 위임하는 것이 가능하다.

파워다운
스팀파워를 스팀으로 변환하는 과정. 서비스 초기에는 2년(104주)에 걸쳐 파워다운되었으나, 하드포크 이후 13주로 변경되었다. 파워다운이 이렇게 오래 걸리는 이유는 스팀잇 커뮤니티의 장기적 발전을 위해서이다. 스팀파워는 스팀잇 커뮤니티에서의 영향력을 의미하는데, 이를 간단히 현금화할 수 있게 하면 장기적으로 스팀잇 커뮤니티에 머물며 발전을 위한 시간과 노력을 기울일 유저들이 많지 않을 거라는 우려 때문이다.

19장
글 써서 번 돈으로 소고기 사먹는 법

스팀잇에서 글을 쓰면
7일(168시간) 뒤 payout이 된다.

보상-저자보상에 들어가면

각 글로 SBD와 스팀파워가
얼마 발생했는지 알 수 있다.

이 글로 발생한 수익이

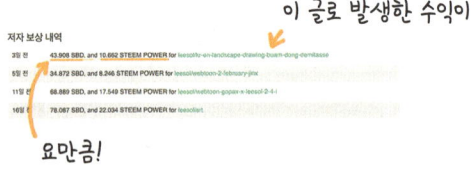

요만큼!

스팀파워는 파워다운을 해야
팔 수 있지만

스팀달러는
바로 팔 수 있다.

"스팀달러를 팔아
소고기를 사 먹어보아요!"

우선 고팍스
회원 가입!

지갑관리 탭으로 들어가

스팀달러 입금을 눌러
메모 주소와 지갑 주소를 확인한다.

지갑 주소는 @gopax-deposit

STEP 2. 내 지갑주소를 확인해 주십시오.

QR 코드

지갑주소

최소 입금 금액은 0.00100000 SBD입니다.

지갑주소 복사

메모는 저마다 다르다.

STEP 1. 스팀달러 Memo 를 먼저 확인해 주십시오.

나의 스팀달러 Memo

UT1oNS...

SBD 입금 시 고객님의 고유 Memo 를 반드시 표기해야 합니다. Memo 없이 송금된 SBD은 유실됩니다.
☑ 확인하였습니다. 내 SBD 지갑 주소를 봅니다.

memo 복사

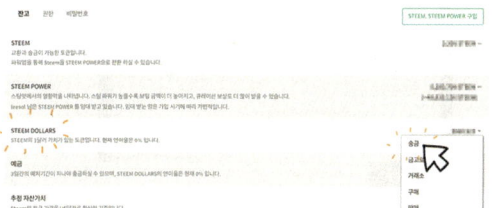

"이 다음이 제일 중요해요!"

별표 세 개

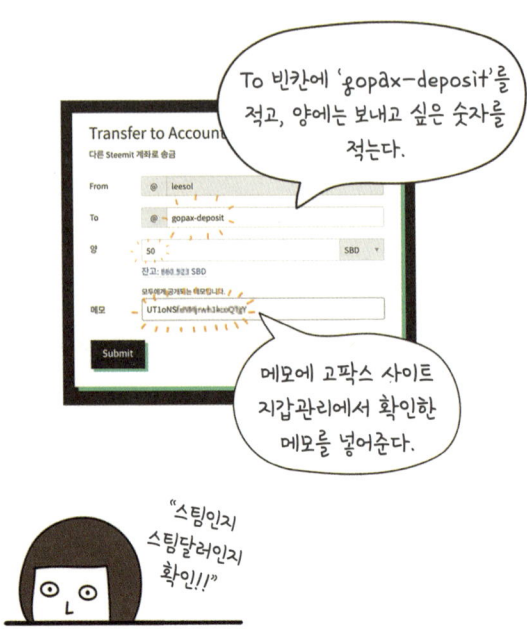

'submit' 버튼을 누르면

스팀잇 지갑 거래 내역에 뜬다.

고팍스 거래소에 들어가 기다린다.

진행 상황이 궁금하면
'거래 기록' 탭에 들어가 본다.

입금이 완료되면

왼쪽 거래소 목록에서 스팀달러를 누른다.

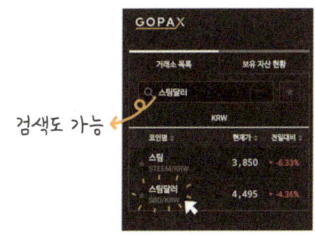

주문 현황을 보면 빨간색 숫자와
초록색 숫자가 있는데,

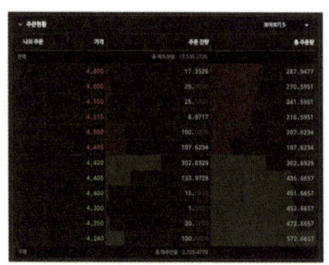

빨간색은 팔려는 사람들,
초록색은 사려는 사람들이다.

팔려는 사람들은 비싸게 팔려 하고,
사려는 사람들은 싸게 사려 한다.

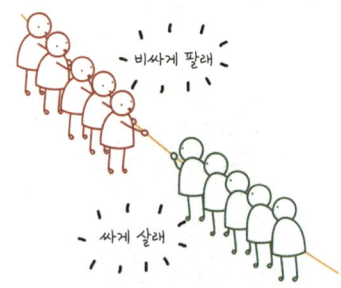

팔고 싶은 가격과 수량을 넣고
'판매' 버튼을 누른다.

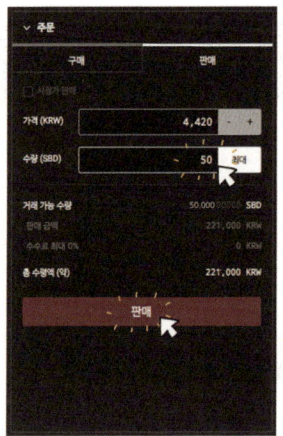

빨리 팔고 싶으면 이미 사려는 사람들이 대기하고 있는
초록색 가격으로 팔면 된다.

아래 '나의 주문'에서
주문 체결이 완료됐는지 확인하고

완료되었으면 다시
'지갑관리'로 들어간다.

대한민국 원 '출금'

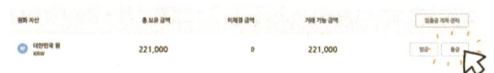

글로 번 수익이 현금으로 들어왔다.

돈으로 소고기를 사 먹든, 무엇이든 하자.

스팀잇 세상에서는
누구든 글로 돈을 버는 작가!

스팀달러

스팀달러는 본래 테더(Tether)나 다이(DAI)처럼 미국 달러 대비 안정적인 가치를 제공하는 수단이 필요해서, 또 실물화폐로 손쉽게 환전이 가능한 수단이 필요해서 만들어진 암호화폐이다. 그러나 스팀달러의 가격변동 폭을 보면 후자는 달성했을지언정, 전자를 달성했다고 보기는 다소 어렵다.

테이커(Taker) 주문과 메이커(Maker) 주문

이미 사려는 혹은 팔려는 사람들이 대기하고 있는 주문에 맞춰 주문을 넣는 것을 테이커(Taker) 주문이라고 한다. 반대로 현재 수요가 존재하지 않는 주문을 넣는 것을 메이커(Maker) 주문이라고 한다. 거래소마다 수수료 정책이 제각각인데, 메이커와 테이커 주문의 수수료 비율이 다른 곳도 꽤 많다.

20장

블록체인은
어떻게 세상을 바꿀까

블록체인은 분산화된
데이터베이스 시스템이다.

투명성과 보안을 갖춘,
다방면으로 활용이 가능한 기술이다.

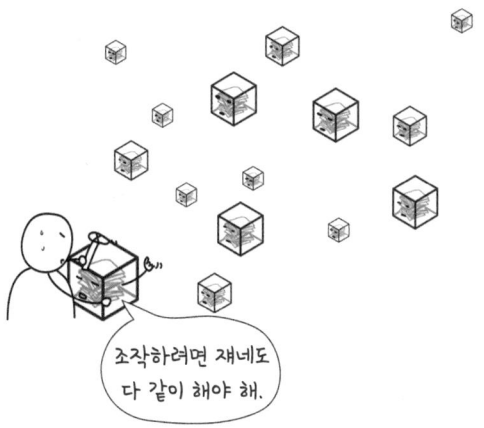

그러면 이 기술은
지금 어떻게 활용되고 있을까?

스팀잇은 여느 SNS 서비스와 다를 바 없어 보이지만
블록체인 기반이라는 특성을 지닌다.

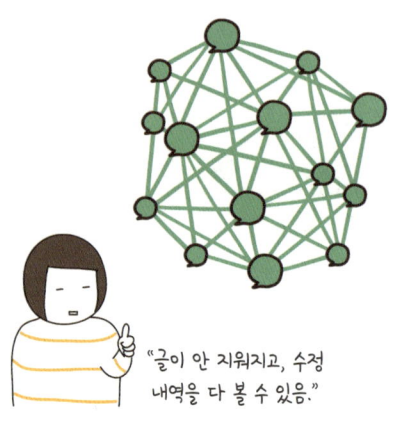

글을 쓰는 행동, 글을 읽고 추천하는 행동을
직접적으로 보상한다.

블록체인 기반으로 만들어진
화폐를 사용해

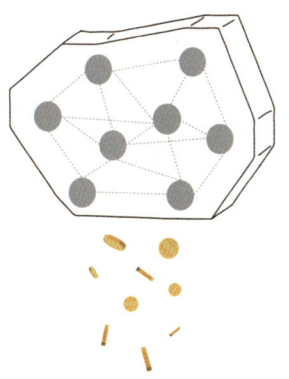

사용자에게는 외부화되어 보이지 않는
카드 수수료를 대폭 줄일 수 있다.

정보를 투명하게 공개하면서
해킹을 통한 조작을 방지하는 기술을 적용해
투표 시스템을 개량할 수 있고,

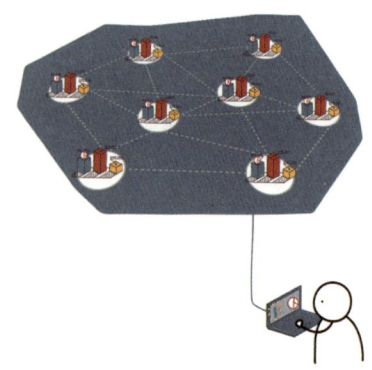

음반 시장에서는
대형 스트리밍 업체를 거치지 않고

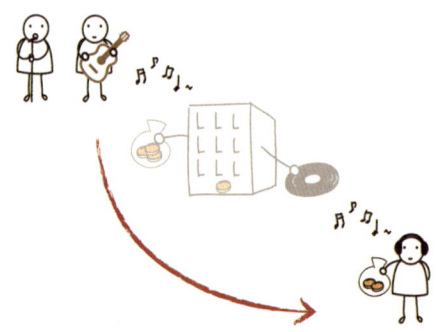

음원을 직접 청취자에게 연결하여,
원 저작자에게 돌아가는 저작권료를 높일 수 있다.

의료 분야에서는 의료 데이터를
분산해서 저장해 해킹 사고를 막고

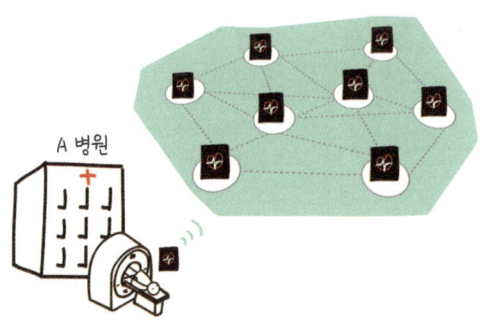

개인 키를 통해 어느 병원에서든
접속 가능하도록 만들어
효과적으로 정보를 공유할 수 있다.

의료 연구자들은 개방된 데이터 목록에 접근해
희소병 환자를 찾을 수 있고,

연구를 위해 데이터를 구매할 수 있다.
그들이 구매하는 데 지불한 금액은
희소병 환자에게 소중한 치료비가 될 수 있다.

기부금과 원조 자금도
블록체인을 활용해 투명하게 관리하여

부패로 인한 자금
손실을 줄일 수 있다.

전력 시스템에
블록체인 기술을 활용하면

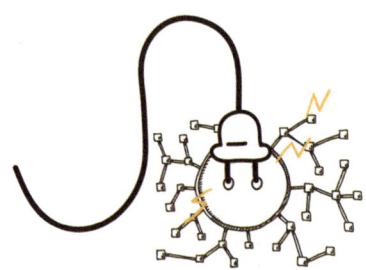

생산된 전기 가운데 사용하지 않고
남은 전기를 스마트 컨트랙트를 통해 자동으로
구매하거나 판매하는 것이 가능하다.

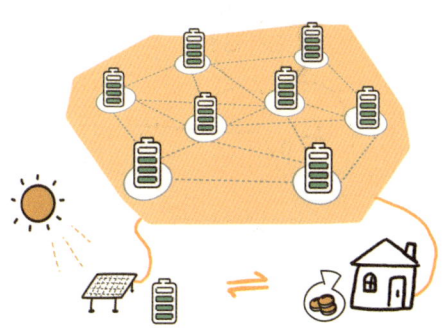

블록체인은 이런 사례 외에도
다양하게 사용될 수 있는 기술이다.

이런 기술들은 평소에
우리 눈에 잘 띄지 않을 수 있지만

조금씩 조금씩
세상을 바꾸어나갈 것이다.

시간이 가면서 우리는
블록체인이 가진 무한한 가능성을
차차 실감하게 되지 않을까?

끝까지 읽어주셔서
감사합니다.

스팀잇

· 블록체인답게 일정 시간이 지나면 글이 삭제되지 않는다. 이 부분에 대해 우려를 표하는 사람들도 있다. 특히 잊힐 권리를 주장하는 사람들은 게재한 글을 삭제할 수 없다는 점이 위험하다고 지적하기도 한다.

· 하지만 삭제가 불가능하기 때문에 사람들이 콘텐츠를 올릴 때부터 신중하고 성의 있게 접근할 것이며, 결과적으로 우수한 콘텐츠가 생산되는 계기가 될 것이라고 두둔하는 의견도 있다.

블록체인의 미래

지금 이 순간에도 전 세계의 수많은 천재들이 블록체인 기반 비즈니스 혁신에 도전하고 있다. 대항해 시대, 금광 시대, 서부개척 시대처럼 앞다투어 각 산업 분야에 자신들의 깃발을 세우고자 경쟁하고 있는 것이다. 앞으로 블록체인이 이 세상을 얼마나 혁명적으로 바꿔갈지 귀추가 주목된다.